51 Tricks für junge Hunde

„Jetzt bin *ich* dran –
spiel mit mir,
ich krieg' das hin."

Kyra Sundance und Jadie

51 Tricks für junge Hunde

Spiel und Spaß für Welpen und Junghunde

Übersetzt aus dem Englischen
von Claudia Händel

Mit 460 Fotos von Nick Saglimbeni

51 Puppy Tricks © 2009 by Quarry Books

Die in diesem Buch enthaltenen Empfehlungen und Angaben sind vom Autor mit größter Sorgfalt zusammengestellt und geprüft worden. Eine Garantie für die Richtigkeit der Angaben kann aber nicht gegeben werden. Der Autor und der Verlag übernahmen keinerlei Haftung für Schäden und Unfälle. Der Leser sollte bei der Anwendung der in diesem Buch enthaltenen Empfehlungen sein persönliches Urteilsvermögen einsetzen und darauf achten, dass die ausgewählte Übung der Gesundheit und dem Alter seines Hundes angepasst ist bzw. wird!

Bibliografische Information der Deutschen Nationalbibliothek
Die Deutsche Nationalbibliothek verzeichnet diese Publikation in der Deutschen Nationalbibliografie; detaillierte bibliografische Daten sind im Internet über http://dnb.d-nb.de abrufbar.

Das Werk einschließlich aller seiner Teile ist urheberrechtlich geschützt. Jede Verwertung außerhalb der engen Grenzen des Urheberrechtsgesetzes ist ohne Zustimmung des Verlages unzulässig und strafbar. Das gilt insbesondere für Vervielfältigungen, Übersetzungen, Mikroverfilmungen und die Einspeicherung und Verarbeitung in elektronischen Systemen.

© 2010 Eugen Ulmer KG
Wollgrasweg 41, 70599 Stuttgart (Hohenheim)
E-Mail: info@ulmer.de
Internet: www.ulmer.de
Lektorat: Heike Schmidt-Röger, Antje Springorum
Herstellung: Ulla Stammel
Umschlagentwurf: red.sign, Anette Vogt, Stuttgart
Satz: BUCHFLINK Rüdiger Wagner, Nördlingen
Printed in China

ISBN 978-3-8001-6716-6

www.101dogtricks.com

Er ist dein Freund, dein Partner, dein Fürsprecher, dein Hund. Du bist sein Leben, seine Liebe, sein Wegweiser. Er ist dir ganz ergeben, treu und wahrhaftig, bis zum letzten Atemzug. Du bist es ihm schuldig, seiner Ergebenheit würdig zu sein.

Anonym

„Ich werd' jetzt ein Nickerchen machen."

Inhalt

Anmerkung der Autorin 9
Basics 11

1 Basis-Training 18
    Auf einen Clicker reagieren 20
    Stupse deine Nase gegen meine Hand 22
    Schau mich an 24
    Stillhalten 26
    Boxenstopp 28
    Komm 30
    Bleib 32
    Such' mich 34

2 Positionen 36
    Sitz 38
    Platz 40
    Kriechen 42
    Rolle 44
    Pfoten hoch 48
    Verbeugung 50
    Tauziehen 52
    Küsschen 54
    Kopf schief legen 56
    An der lockeren Leine laufen 58
    Pfote geben 60
    Gib Laut 64
    Heulen 66

3 Koordination 68
    Tunnel 70
    Wippe 72
    Dreh dich 76
    Acht durch die Beine 80
    Volleyball 84
    Spring über mein Bein 86
    Reifensprung 90
    Versteckspielen im Karton 94
    Pfoten abstreifen 98
    Frisbee 100

4 Kommunikation 102
    Glocke läuten zum Rausgehen 104
    Hol die Leine 106
    Bring' deinen Futternapf 108
    Sitz vor dem Fressen 110
    Lass' es 112
    In welcher Hand ist das Leckerchen? 114
    Hütchenspiel 116
    Das versteckte Gemüse finden 120
    Tür schließen 122
    Druckleuchte anmachen 124

5 Verhaltensformung 128
    Fußball 130
    Grundlagen des Bring 134
    Eine Zeitung in die Hand bringen 138
    Tür aufmachen 142
    Augen zuhalten 146
    Skateboard 150

6 Verkettung 154
    Räum dein Spielzeug in die Spielzeugkiste 156
    Müll in den Treteimer bringen 160
    Limo aus dem Kühlschrank 164
    Post aus dem Briefkasten 168

Tricks nach Schwierigkeitsgrad 172
Glossar 173
Über die Autorin 175
Über den Fotografen 176

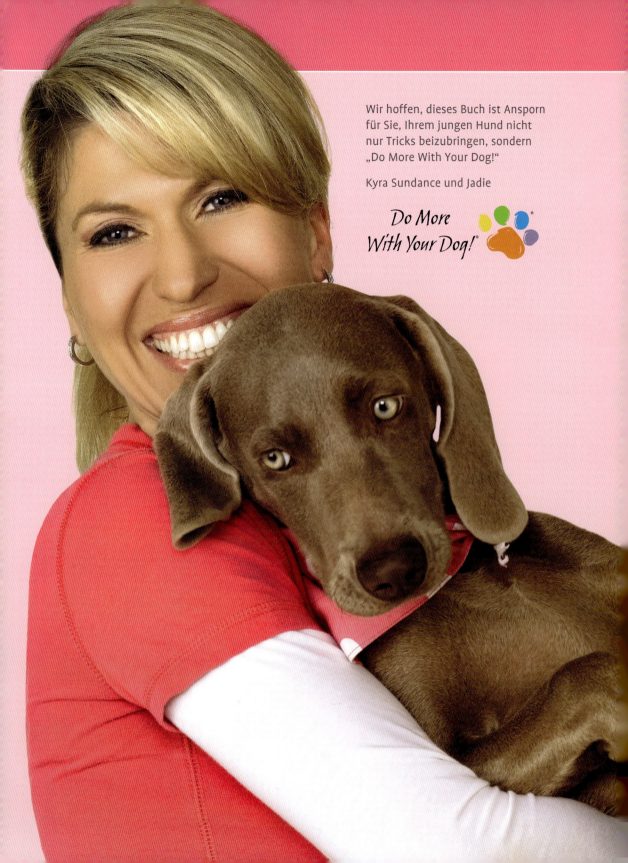

Anmerkung der Autorin

Von dem Moment an, in dem ein Welpe bei Ihnen einzieht, haben Sie ein Familienmitglied mehr. Wenn Sie mit Ihrem Welpen gemeinsam an seinen ersten Tricks arbeiten, legen Sie die Grundlage für eine enge Beziehung zu Ihrem Hund.

Im vorliegenden Buch wird mit positiven Trainingsmethoden gearbeitet, damit eine Beziehung entsteht, in der Ihr Welpe freudig am Lernprozess teilnimmt. Tricktraining vertieft die gegenseitige Verständigung, das Vertrauen und gegenseitigen Respekt. Es ist ein Weg, eine innige Beziehung zu Ihrem Welpen einzugehen, während Sie gemeinsame Ziele anstreben und sich an Ihren Erfolgen freuen. Das durch diesen Lernprozess gewonnene Vertrauen und der Teamgeist bleiben Ihnen ein Leben lang erhalten.

Messen Sie den Erfolg Ihres Welpen nicht nur an den Tricks, die er gelernt hat, sondern auch an seiner erhöhten Aufmerksamkeit und Konzentration. Nicht alle Welpen lernen im gleichen Tempo. Denken Sie immer daran: es ist *Ihr* Welpe und er muss nur in *Ihren* Augen bestehen. Auch wenn ein vollendet vorgeführter Trick ein ungeheuer motivierendes Ziel ist – die Beziehung, die durch Ihrer beider Zusammenarbeit entsteht, ist das Beste am ganzen Training überhaupt.

Und vergessen Sie über dem Ziel nicht das Vergnügen, das Sie beide haben sollen!

„Ich habe so viel zu tun heute, ich weiß gar nicht, wie ich das alles schaffen soll."

Basics

Training soll Spaß machen

Einem jungen Hund Tricks beizubringen steigert seine Intelligenz, da sein Gehirn ständig Neues lernen darf. Frühes Training ist entscheidend dafür, wie Ihr Welpe künftig an das Training herangeht. Daher ist es wichtig, dass der Welpe Spaß daran hat.

Betrachten Sie das Training nicht als lästige Pflicht, sonst wird Ihr Welpe das Training und Sie mit Langeweile in Verbindung bringen. Trainieren Sie mit Freude, Begeisterung und Ansporn. Verwischen Sie die Grenze zwischen Spiel und Arbeit, indem Sie nach jeder Übungseinheit ein paar Minuten lang spielen.

Macht Ihr Welpe etwas richtig, setzen Sie Ihre hohe „Freu-Stimme" ein, die unwillkürlich wie eine Belohnung auf ihn wirkt. Die Satzmelodie sollte zum Satzende hin ansteigen, in einer Art Singsang, wie z.B. „braver Bub!"

Keine Enttäuschung zeigen

Ihr Junghund braucht Zeit zum Lernen und viele, viele konsequente Wiederholungen. Wenn Sie ihm einen neuen Trick beibringen, wird er zappeln, pföteln und nur das Leckerchen in Ihrer Hand im Auge haben. Sobald Sie während einer Übung merken, dass Sie sich ärgern oder enttäuscht sind, gehen Sie am besten weg. Ihr Welpe spürt, dass Sie sich ärgern, und Sie möchten bestimmt nicht, dass er das Training mit Ihrem Ärger verknüpft.

Übungen kurz halten

Welpen und junge Hunde haben nur eine kurze Aufmerksamkeitsspanne. Überschreiten Sie beim Training nicht den Punkt, an dem der Welpe das Interesse verliert. Mehrere Übungen à 5 Minuten pro Tag sind ideal für die meisten Welpen.

Aufhören, wenn's am schönsten ist

Hören Sie mit dem Üben auf, solange alles gut läuft und bevor Ihr Welpe sich langweilt oder müde wird. Hören Sie auf, wenn er noch weitermachen will, damit er sich schon auf die nächste Übungseinheit freut.

Mit einem Erfolgserlebnis aufhören

Ihr Welpe soll das Training mögen – also hören Sie immer mit einem Erfolgserlebnis für ihn auf, auch wenn Sie dafür möglicherweise auf eine leichtere Übung zurückgreifen müssen. Fordern Sie Ihren Welpen zu einem Verhalten auf, das er gut kann. Loben Sie ihn überschwenglich dafür und beenden Sie dann die Übung.

WELPEN-GRUNDLAGEN

Wie alt ist ein Welpe im vorliegenden Buch?
Die im vorliegenden Buch aufgeführten Übungen und Tricks eignen sich für junge Hunde ab einem Alter von 8 Wochen. Tricktraining erfordert keine besonderen Vorkenntnisse. Bei sehr jungen Hunden fangen Sie am besten mit den „leichten" Tricks an.

Wie lang dauert das Training mit jungem Hund?
Je mehr Übungen Ihr Hund lernt, umso schneller wird er neue Übungen begreifen. Unter jedem Trick steht, was Sie während des Lernprozesses erwarten können. In der Regel braucht ein junger Hund 100 Wiederholungen, bis er einen Trick gelernt hat. Aber jeder junge Hund lernt auf andere Weise und unterschiedlich schnell. Seien Sie daher nicht enttäuscht, wenn sich das gewünschte Ergebnis nicht sofort einstellt.

„Können wir Modenschau spielen?"

Welpen lernen durch positive Bestärkung

Positive Bestärkung ist die einfachste und wirksamste Methode, Ihrem jungen Hund einen Trick beizubringen. Dabei wird erwünschtes Verhalten belohnt. Sie bringen Ihren Hund dazu, einen Trick vorzuführen, belohnen ihn dafür und er lernt, diesen Trick zu wiederholen.

Positive Bestärkung festigt die Beziehung zwischen Ihnen und Ihrem Junghund, wenn Sie gemeinsam in einem positiven, stress- und angstfreien Umfeld arbeiten. Ihr Junger Hund genießt die Arbeit mit Ihnen und das durch positive Bestärkung gewonnene Vertrauen sowie der Teamgeist bleiben Ihnen ein Leben lang erhalten.

Leckerchen als Belohnung

Obwohl man einen Hund beispielsweise mit Spielzeug, Schnüffeln lassen oder Lob belohnen kann, verwenden wir hier meistens Futterbelohnungen. Leckerchen sind eine hochwertige Belohnung, die man schnell geben kann. Damit Ihr Hund hochmotiviert bleibt, geben Sie ihm nicht sein „normales" Futter als Leckerchen, sondern für ihn hochwertigere Leckerchen wie Käse, Wurst. Verwenden Sie weiche, schmackhafte, etwa erbsengroße Leckerchen, die Ihr Junghund leicht und schnell schlucken kann.

Belohnen Sie den Erfolg

Eine der wichtigsten Fähigkeiten, die Ihr Welpe durch das Tricktraining entwickelt, ist das Lösen von Problemen durch Ausprobieren. Ermuntern Sie Ihren Welpen, viele verschiedene Verhaltensweisen auszuprobieren und reagieren Sie mit einem Leckerchen auf die gewünschten Verhaltensweisen.

Zeigt ein Welpe unerwünschtes Verhalten, beachtet man dieses am besten gar nicht. Würden Sie jedes Mal, wenn Ihr Junghund sich nicht richtig verhält, „Nein" sagen, probiert Ihr Welpe bald gar nichts mehr aus. Die meisten Hunde würden eher gar nichts tun als Fehler machen.

Wecken Sie bei Ihrem Junghund Begeisterung für das Training, indem Sie sein Selbstbewusstsein und seine Motivation fördern. Sie verhelfen ihm zum Erfolg, wenn Sie sich auf die positiven Dinge konzentrieren.

Einen aufgedrehten Welpen beruhigen

Manchmal dreht ein Welpe während des Trainings so auf, dass Sie ihn beruhigen müssen, damit er sich wieder konzentrieren kann. Das geht am besten, indem Sie Ihre Arme seitlich an Ihren Körper legen und ein paar Sekunden lang woanders hinsehen. Dadurch geben Sie Ihrem Welpen zu verstehen – ohne ihn zu tadeln oder zu frustrieren – dass er sich nicht auf dem Weg zu einer Belohnung befindet. Meistens reichen ein paar Sekunden aus, bis der Welpe etwas ruhiger wird, sodass Sie Ihr Training wieder aufnehmen können. Wiederholen Sie dieses Verhalten jedes Mal, wenn Ihr Welpe zu aufgedreht ist – aber achten Sie auch darauf, ihn nicht zu überfordern. Herumalbern kann auch ein Zeichen von Streß und Überforderung sein.

„Ich bin ein braves Mädchen … meistens jedenfalls."

Erziehungsmethoden für Welpen

Für die Erziehung eines Welpen oder Junghundes verwenden wir andere Methoden als für die Erziehung eines erwachsenen Hundes. Welpen sind sensibler als erwachsene Hunde und noch nicht so vertraut mit der Sprache und den Gesten von uns Menschen.

Locken, keine körperliche Einwirkung

Sie können einen Hund auf verschiedene Arten überzeugen, die gewünschte Position einzunehmen: Sie können ihn beispielsweise mit einem Leckerchen locken oder Sie können körperlich auf ihn einwirken – dieses Vorgehen verzögert allerdings den Lernprozess. Durch Ihre körperliche Einwirkung auf den Hund wird ihm vermittelt, dass er keine Initiative zu ergreifen braucht, sondern nur auf Ihre Anleitung warten muss. Er schaltet sein Gehirn nicht ein und lernt nicht, dass er seinen Körper selbstständig in die entsprechende Position bringen soll. Wenn irgend möglich, ist es immer besser, wenn Sie Ihren Welpen mit Locken dazu bringen, die jeweilige Körperstellung selbstständig einzunehmen.

Der richtige Zeitpunkt

Während des Lernprozesses wird Ihr Welpe herumzappeln und alles Mögliche ausprobieren. Zeigen Sie ihm sofort, was gewünscht war (Leckerchen) und was nicht (kein Leckerchen). Damit der Welpe das erwünschte Verhalten begreift, ist es entscheidend, ihm das Leckerchen genau dann zu geben, wenn er das richtige Verhalten zeigt. Halten Sie ein Leckerchen in Ihrer Hand parat und geben Sie es dem Welpen in dem Moment, in dem er das gewünschte Verhalten zeigt. Belohnen Sie nicht erst fünf Sekunden nach Ausführung des Verhaltens, da Ihr Welpe sonst nicht versteht, was genau er nun getan hat, um sich die Belohnung zu verdienen. Entscheidend beim Erlernen eines Tricks ist das Belohnen eines Verhaltens in dem Augenblick, in dem der Welpe dieses Verhalten zeigt.

Erziehung mit positivem Verstärker

Manchmal kann es schwierig sein, den Welpen in genau dem Moment zu belohnen, in dem er sich richtig verhalten hat. Üben Sie mit Ihrem Welpen beispielsweise, durch einen Reifen zu steigen, können Sie ihm das Leckerchen nicht genau dann geben, wenn er sich mitten im Reifen befindet.

Sie können jedoch ein bestimmtes Wort oder einen bestimmten Ton zu genau diesem Zeitpunkt einsetzen, damit Ihr Welpe weiß, dass er genau jetzt seine Belohnung verdient hat. Wir nennen diesen Ton einen **positiven sekundären Verstärker**. Auf diesen folgt immer und unmittelbar ein Leckerchen.

In der Hundeausbildung wird gewöhnlich ein Clicker als positiver sekundärer Verstärker verwendet. Ein **Clicker** ist ein kleiner Gegenstand mit einer Metallzunge, den man in der Hand hält und der „klick-klack" macht, wenn man darauf drückt.

Sie können auch ein Spezialwort (wie „gut!" oder „klick!") als positiven sekundären Verstärker verwenden. Meistens klappt es mit einem Clicker bei Welpen und Junghunden jedoch besser als mit einem Wort. Junge Hunde können Worte noch nicht unterscheiden und daher ist Ihr Spezialwort nicht so klar wie das Klick-Geräusch. Außerdem hat ein Clicker den Vorteil, dass das Geräusch kurz und deutlich ist – und überdies jedes Mal genau gleich klingt. (Konditionieren Sie Ihren Welpen **auf den Clicker**, mit der Übung auf Seite 20.)

„Ich bin ganz bei der Sache."

Fortschritte und Rückschritte

Ein Welpe lernt, wenn er etwas richtig macht und dafür ein Leckerchen bekommt. Ein Welpe lernt gar nichts, wenn er keinen Erfolg hat. Sie sollten ihm daher möglichst viele erfolgreiche Versuche verschaffen. Das erreichen Sie am besten, indem Sie die Messlatte für Erfolg sehr niedrig anlegen. Belohnen Sie Minischritte während des Lernprozesses, sodass Ihr Welpe immer wieder neue Erfolgserlebnisse hat.

Den Einsatz erhöhen

Geben Sie Ihrem Welpen bei seinen ersten Lernschritten auch für den kleinsten Fortschritt in Richtung Zielverhalten ein Leckerchen. Mit zunehmenden Fortschritten Ihres Welpen verlangen Sie mehr von ihm, bevor er sein Leckerchen erhält. Auf diese Art und Weise wird ein zunächst rudimentäres Verhalten vollständig ausgeformt.

Wenn Sie mit einem Welpen das erste Mal üben, die Pfote zu geben, belohnen Sie ihn schon für das kleinste Anheben der Pfote. Sobald er das begriffen hat, verlangen Sie etwas mehr von ihm und geben ihm das Leckerchen erst, wenn er die Pfote höher **oder** längere Zeit anhebt.

Als Daumenregel gilt: Jedes Mal, wenn Ihr Welpe einen Lernschritt zu etwa 75 % erfolgreich absolviert, können Sie etwas mehr von ihm verlangen, bevor er sein Leckerchen erhält.

Zum Fortschritt gehören auch Rückschritte

Entscheidend für die anhaltende Motivation Ihres Welpen sind: wiederholte Anreize und regelmäßige Erfolge. Lassen Sie Ihren Welpen niemals mehr als zwei oder drei Mal hintereinander scheitern – sonst verliert er die Lust und will nicht mehr weitermachen. Hat Ihr Welpe Schwierigkeiten, schrauben Sie die Anforderungen vorübergehend etwas zurück – machen Sie mit einem einfacheren Lernschritt weiter, sodass der Welpe wieder Erfolgserlebnisse hat.

Der Lernprozess beim Einüben eines bestimmten Verhaltens verläuft nicht linear. Ihr Welpe wird zahlreiche Fort- und Rückschritte machen. Gehen Sie ruhig einen Schritt zurück – meistens ist das nur für kurze Zeit notwendig und bestärkt Ihren Welpen darin, weiterzumachen. Sollte er einmal unsicher werden, treiben Sie ihn niemals an. Fangen Sie stattdessen wieder dort an, wo sich Ihr Welpe sehr selbstsicher zeigte und machen Sie ab da mit den Übungen weiter.

Wie benutze ich dieses Buch?

Fangen Sie irgendwo an! Jeder Trick hat einen bestimmten Schwierigkeitsgrad und ist in die Abschnitte „Tipps", „Hilfe, es klappt nicht" und „Das können Sie erwarten" unterteilt. Aus Letzterem geht hervor, wie lange es ungefähr dauert, bis ein Trick eingeübt ist. Sie können innerhalb einer Übungseinheit an mehreren neuen Tricks gleichzeitig arbeiten – aber überfordern Sie Ihren jungen Hund nicht!

Soll ich lieber Hör- oder Sichtzeichen geben?

In diesem Buch sind sowohl das Hör- als auch das Sichtzeichen für den jeweiligen Trick angegeben. Mit der Zeit lernt Ihr junger Hund, auf beide zu reagieren. Die meisten Hunde reagieren besser auf das Sicht- als auf das Hörzeichen.

Die im vorliegenden Buch verwendeten Hör- und Sichtzeichen sind Standardzeichen. Obwohl die Sichtzeichen willkürlich aussehen, entstanden sie doch aus den Lockgesten, die bei den anfänglichen Übungen verwendet wurden. Die erhobene Hand als Zeichen für „Sitz" entstand aus der ursprünglichen Aufwärtsbewegung der Hand mit dem Leckerchen. Die Abwärtsbewegung der Hand ist das Zeichen für „Platz" und entspricht Ihrer anfänglichen Abwärtsbewegung mit dem Leckerchen, das Sie dem Welpen in Bodennähe gaben. Und die schnelle Drehung Ihres Handgelenks ist eine Kurzfassung des weiten Kreises, den Sie beschrieben haben, als Sie Ihrem Welpen „Dreh' dich" beigebracht haben.

Auf geht's!

Sie sind auf dem besten Wege, ein wunderbares und aufregendes Abenteuer mit Ihrem jungen Hund zu erleben. Schnappen Sie sich die Leckerchentasche, das Lieblingsspielzeug Ihres Welpen, Ihr Exemplar von 51 Welpentricks und los geht's!

Trainingsausrüstung

Mithilfe einer geeigneten Trainingsausrüstung übt es sich leichter.

Leckerchen

Verwenden Sie weiche, etwa erbsengroße Leckerchen, die Ihr junger Hund rasch schlucken kann.

Leckerchentasche

Im Zoofachhandel erhalten Sie Leckerchentaschen (auch Snackbeutel genannt), die Sie an Ihrer Hose einhaken können. So haben Sie Ihre Leckerchen gleich parat, ohne erst lange in Ihren Taschen kramen zu müssen.

Kurzführer

Ein Kurzführer ist eine kurze Leine ohne Schlaufe am Ende (damit sich Ihr Hund nicht mit einer Pfote darin verfangen kann). Sie hängt am Halsband, ist aber kurz genug, um Bewegungen nicht im Weg zu sein. Mit einem Kurzführer können Sie mit Ihrem Hund quasi ohne Leine trainieren und haben doch die Möglichkeit, ihn bei Bedarf festzuhalten.

Clicker

Im vorliegenden Buch wird bei manchen Tricks der Clicker als positiver sekundärer Verstärker eingesetzt. Das Geräusch des Clickers zeigt Ihrem Hund an, wann er etwas richtig gemacht hat. Die meisten Zoofachhandlungen verkaufen preisgünstige Clicker.

Die richtige Einstellung!

Das wichtigste „Ausbildungsinstrument" überhaupt ist Ihr Lob und Ihr Ansporn!

> **DIE 10 WICHTIGSTEN ÜBUNGS-TIPPS FÜR JUNGE HUNDE**
>
> 1. Belohnen Sie mit schmackhaften Leckerchen.
> 2. Belohnen Sie in dem Moment, in dem Ihr Welpe das gewünschte Verhalten ausführt.
> 3. Können Sie nicht sofort belohnen, verwenden Sie den Clicker und geben das Leckerchen anschließend.
> 4. Motivieren Sie – setzen Sie Ihre „Freu-Stimme" ein.
> 5. Trainieren Sie in sehr kurzen Einheiten.
> 6. Belohnen Sie auch kleinste Schritte.
> 7. Seien Sie konsequent.
> 8. Beenden Sie die Übungen, wenn Ihr Hund noch weitermachen möchte.
> 9. Nur Geduld – Rom wurde auch nicht an einem Tag erbaut.
> 10. Werden Sie der Lebensmittelpunkt für Ihren jungen Hund.

Basics

Kapitel 1:
Basis-Training

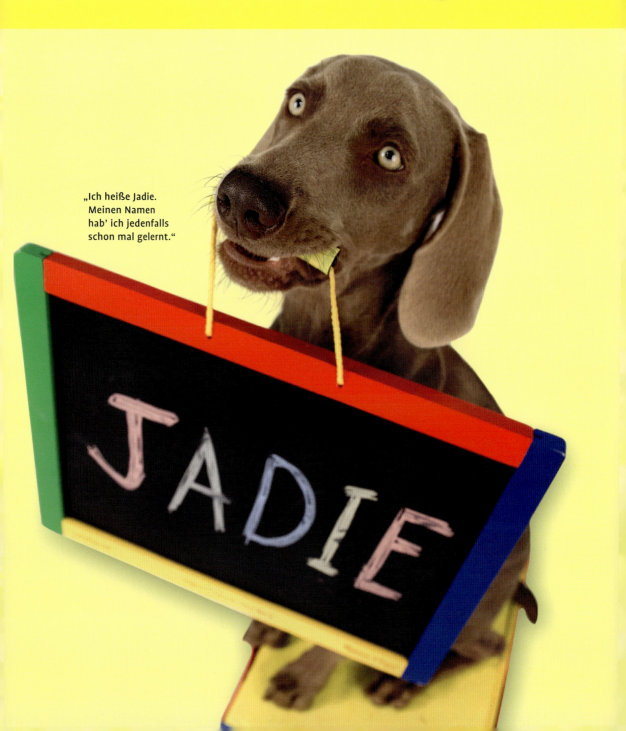

„Ich heiße Jadie. Meinen Namen hab' ich jedenfalls schon mal gelernt."

Geben Sie

Ihrem Welpen gleich die richtige Starthilfe, indem Sie die Grundvoraussetzungen für eine solide Ausbildung schaffen. Mithilfe der Tricks in diesem Kapitel lernt Ihr Welpe, sich auf Sie zu konzentrieren und einige Grundverhaltensweisen auszuführen. Dabei erfährt er positive Bestärkung und lernt, auf Ihre Signale zu reagieren, um belohnt zu werden. Diese Voraussetzungen bilden das Gerüst für die lebenslange Lernfähigkeit Ihres Hundes.

In diesem Kapitel lernt Ihr Welpe, auf einen Clicker zu reagieren, auf Sie zu achten, indem er Ihnen in die Augen sieht und seine Bewegungen zu beherrschen.

Bei diesen Übungen kommt es vor, dass Ihr Welpe Sie beachten soll. Bringen Sie Ihrem Welpen seinen Namen bei, damit er Ihnen Aufmerksamkeit schenkt. Am besten geschieht dies, indem Sie seinen Namen mit hoher „Freu-Stimme" aussprechen – dadurch wird er aufmerksam und sieht Sie an. In dem Moment belohnen Sie den Welpen mit Leckerchen oder Lob oder Sie machen etwas Lustiges, etwa ein Spielzeug zu werfen!

Wenn sein Name gerufen wird, sollte sich der Welpe wohlfühlen. Er sollte begeistert darauf reagieren, niemals zögerlich oder ängstlich. Rufen Sie den Namen Ihres Welpen in Verbindung mit Lob und immer dann, wenn er ruhig, voller Selbstvertrauen und aufmerksam ist.

Verwenden Sie den Namen Ihres Welpen niemals in Form von Tadel oder in Stresssituationen oder wenn der Welpe ängstlich oder aggressiv ist.

leicht

Auf einen Clicker reagieren

Hörzeichen
[click-click]

Ein Clicker kann ein sehr wertvolles Hilfsmittel bei der Welpenausbildung sein. Um es richtig einsetzen zu können, müssen Sie Ihrem Welpen zuerst beibringen, auf das Clicker-Geräusch zu reagieren. Das geht am besten, indem Sie eine Verknüpfung zwischen dem Clicker-Geräusch und dem Leckerchen herstellen. Das nennt man auch „auf den Clicker konditionieren".

„Ich liebe Leckerchen!"

SCHRITT FÜR SCHRITT

1. Ein Clicker ist ein etwa daumengroßer Gegenstand mit einer Metallzunge, den man in der Hand hält und der „klick-klack" macht, wenn man darauf drückt. Clicker sind in jeder Zoofachhandlung erhältlich. Befestigen Sie ihn mit einem Spiralband oder Gummiband an Ihrem Handgelenk, damit er immer griffbereit ist.

2. Füllen Sie etwa zwanzig kleine Leckerchen in Ihre Hosen- oder Leckerchentasche. Laufen Sie ganz zwanglos neben Ihrem Welpen her, ohne irgendwelche Kommandos zu geben. Klicken Sie gelegentlich – idealerweise, wenn Ihr Welpe Sie gerade ansieht.

3. Geben Sie nach jedem Klicken Ihrem Welpen sofort ein Leckerchen. Versuchen Sie, ihn innerhalb einer Sekunde nach dem Klicken zu belohnen, damit der Welpe eine Verknüpfung zwischen den beiden Vorgängen herstellt.

DAS KÖNNEN SIE ERWARTEN: Es dauert nicht lange, bis der Welpe nach dem Klick sein Leckerchen einfordert – was bedeutet, dass er die Verknüpfung hergestellt hat. Innerhalb nur weniger Minuten (und etwa zwanzig Klicks) müsste Ihr Welpe auf den Clicker reagieren.

HILFE, ES KLAPPT NICHT

Ich weiß nicht genau, wann ich klicken soll

Zum jetzigen Zeitpunkt kommt es lediglich darauf an, eine Verknüpfung zwischen dem Klick und dem Leckerchen herzustellen. Es gibt keinen falschen Zeitpunkt. Wichtig ist nur, dass das Leckerchen unmittelbar nach jedem Klicken gegeben wird.

TIPP Hat der Welpe einmal gelernt, auf den Clicker zu reagieren, können Sie den Clicker bei der Ausbildung verwenden. Dabei gilt es, drei Regeln zu befolgen:

1. Klicken Sie bei jedem Verhalten, das Sie bestärken möchten.
2. Klicken Sie *genau in dem Moment*, in dem das richtige Verhalten ausgeführt wird.
3. Nach jedem Klick gibt es ein Leckerchen (keine Mehrfach-Klicks).

1. Befestigen Sie ein Armband an Ihrem Clicker, um ihn schnell griffbereit zu haben.

2. Drücken Sie einfach den Clicker.

3. Belohnen Sie unmittelbar danach mit einem Leckerchen.

Basis-Training

leicht

Stupse deine Nase gegen meine Hand

Bringen Sie Ihrem Welpen bei, mit seiner Schnauze Ihre Hand zu berühren. Dieser Trick kann sehr nützlich sein, wenn Sie möchten, dass der Welpe zu Ihnen herkommt.

Hörzeichen
Hand
Sichtzeichen

„Ich werde jeden Tag gebürstet und manchmal auch gebadet, wenn ich mich in irgendetwas gewälzt habe."

SCHRITT FÜR SCHRITT

1. Halten Sie in einer Hand den Clicker, in der anderen Hand zwischen den Fingern ein Leckerchen. Halten Sie diese Hand flach und mit der Handfläche Ihrem Welpen zugewandt. Machen Sie Ihren Hund auf sich aufmerksam, indem Sie beispielsweise „Keks" oder irgendein anderes Wort sagen, von dem er weiß, dass es ein Leckerchen bedeutet.
2. Fordern Sie den Welpen auf, das Leckerchen zu untersuchen und sagen Sie dabei in munterem Tonfall „Hand!" oder ein anderes Hörzeichen.
3. Sobald seine Nase Ihre Hand berührt, drücken Sie den Clicker, damit er weiß, dass dies das Verhalten war, mit dem er sich seine Belohnung verdient hat. Lassen Sie den Welpen das Leckerchen aus Ihrer Hand nehmen. Wiederholen Sie diese Übung ein paar Mal.
4. Versuchen Sie es nun ohne Leckerchen zwischen den Fingern. Halten Sie Ihre Hand hin und sagen Sie „Hand!" Sobald der Welpe Ihre Hand berührt, drücken Sie den Clicker und geben ihm dann ein Leckerchen aus Ihrer Tasche.

DAS KÖNNEN SIE ERWARTEN: Wenn Sie die Übung täglich zehn Mal wiederholen, beherrscht Ihr Welpe innerhalb weniger Tage den Trick!

HILFE, ES KLAPPT NICHT

Mein Welpe interessiert sich mehr für die Tasche mit den Leckerchen als dafür, meine Hand zu berühren

Fangen Sie wieder mit dem Leckerchen zwischen Ihren Fingern an, damit er sich wieder auf Ihre Hand konzentriert. Wenn das nicht funktioniert, legen Sie die Leckerchen in eine Schüssel auf einer Ablage in der Nähe, wo sie außer Reichweite des Welpen, aber für Sie schnell erreichbar sind.

TIPP Ist Ihr Welpe davongelaufen? Strecken Sie Ihre Hand aus und rufen Sie „Hand!" – Sie werden staunen, wie schnell er zu Ihnen gerannt kommt!

1. Zeigen Sie Ihrem Welpen ein Leckerchen, das Sie zwischen den Fingern halten.

2. Fordern Sie Ihren Welpen mit dem Kommando „Hand!" auf, Ihre Hand zu berühren.

3. Klicken Sie, sobald die Nase des Welpen Ihre Hand berührt und lassen Sie ihn das Leckerchen nehmen.

4. Versuchen Sie es jetzt ohne ein Leckerchen zwischen den Fingern. Klicken Sie, sobald er Ihre Hand berührt.

leicht

Schau mich an

Hörzeichen
Kuck mal
Sichtzeichen

Wenn Ihr Welpe Sie ansieht, haben Sie seine volle Aufmerksamkeit. Bringen Sie Ihrem Welpen bei, Ihnen direkt in die Augen zu schauen, sozusagen als Zeichen seiner Aufmerksamkeit.

„Spiel mit mir, spiel mit mir, spiel mit mir ..."

SCHRITT FÜR SCHRITT

1. Knien Sie vor Ihrem Welpen nieder. Halten Sie in der einen Hand Ihren Clicker und in der anderen ein Leckerchen auf Augenhöhe des Welpen.
2. Führen Sie das Leckerchen langsam in Richtung Ihrer Augen und geben Sie gleichzeitig in ruhigem, langgezogenem Tonfall das Hörzeichen „Kuck mal".
3. Sobald Ihr Welpe kurz Blickkontakt zu Ihnen hält, klicken Sie und geben Sie ihm das Leckerchen. Sie möchten, dass Ihr Welpe Erfolg hat, also klicken Sie, bevor er das Interesse verliert und wegschaut. In dem Maße, wie er Fortschritte macht, können Sie einen längeren Blickkontakt verlangen, bevor Sie klicken.
4. Lassen Sie mit der Zeit das Leckerchen in der Hand weg. Halten Sie stattdessen Ihren erhobenen Zeigefinger zwischen die Augen und geben Sie das Kommando „Kuck mal", damit er Blickkontakt zu Ihnen aufnimmt. Klicken Sie in genau dem Moment und geben Sie ihm ein Leckerchen.

DAS KÖNNEN SIE ERWARTEN: Das Sehvermögen eines Welpen ist erst mit etwa neun Monaten vollständig entwickelt. Daher können sehr junge Welpen nicht so gut Ihren Blick erwidern. Schüchterne Welpen trauen sich unter Umständen nicht, Ihnen in die Augen zu schauen, weil sie den Blickkontakt als Konfrontation empfinden. Für solche Welpen ist diese Übung besonders hilfreich. Die meisten Welpen schaffen es, innerhalb weniger Tage Blickkontakt herzustellen.

HILFE, ES KLAPPT NICHT
Mein Welpe will mir nicht in die Augen schauen

Setzen Sie sich auf den Boden, auf Höhe des Welpen, um nicht so bedrohlich zu wirken. Sprechen Sie in sanftem Tonfall zu ihm und üben Sie täglich. Überlassen Sie ihm die Entscheidung, Ihnen in die Augen schauen will – erzwingen Sie nichts.

TIPP Machen Sie es sich zur Gewohnheit, dass der Welpe einen Moment lang ruhig und aufmerksam ist, bevor er für irgendetwas belohnt wird, z.B. an der Haustür vor dem Spazierengehen oder an der Futterschüssel vor dem Fressen. Sobald Ihr Welpe eine oder zwei Sekunden lang Blickkontakt mit Ihnen hält, klicken Sie und geben ihm seine Belohnung. Dadurch lernt er Selbstbeherrschung und dass ruhiges, aufmerksames Verhalten belohnt wird.

1. Machen Sie Ihren Welpen mit einem Leckerchen aufmerksam.

2. Führen Sie das Leckerchen langsam in Richtung Ihrer Augen, während Sie „Kuck mal!" sagen.

3. Sobald Ihr Welpe den Blickkontakt hält, klicken Sie und geben ihm das Leckerchen.

4. Verwenden Sie als Sichtzeichen den erhobenen Zeigefinger, um dieses Verhalten auszulösen.

Basis-Training

leicht

Stillhalten

Hörzeichen
Halt' still

„Heute war ich richtig gut."

Bringen Sie Ihrem Welpen das Stillhalten bei. So gewöhnt er sich daran, festgehalten zu werden, was sich für die Körperpflege und beim Tierarzt als sehr nützlich erweisen kann.

SCHRITT FÜR SCHRITT

1. Warten Sie, bis Ihr Welpe von allein müde und ruhig ist. Nehmen Sie ihn vorsichtig hoch und halten ihn wie ein Baby in Rückenlage auf dem Arm. Sitzen Sie beim Halten des Welpen auf dem Boden oder dem Bett, damit er nicht herunterfällt, wenn er herumzappelt. Streicheln Sie den Welpen sanft, damit es für ihn ein angenehmes Erlebnis ist. Geben Sie sanft und freundlich das Kommando „Halt' still".

2. Alternativ legen Sie den Welpen mit dem Rücken auf Ihre ausgestreckten Beine. Nehmen Sie den Welpen hoch, mit dem Gesicht Ihnen zugewandt, und rollen Sie ihn langsam wieder auf Ihren Beinen nach hinten. Wenn Ihr Welpe zappelt, halten Sie ihn sanft in der Rückenlage fest, bis er sich entspannt. Verstärken Sie Ihren Griff nicht, sondern bleiben Sie ruhig, aber geben Sie nicht nach. Wenn Sie lange genug warten, wird sich der Welpe schlussendlich entspannen. Sobald sich der Welpe entspannt, können Sie Ihren Griff lockern.

DAS KÖNNEN SIE ERWARTEN: Welpen tolerieren das Festgehaltenwerden ganz unterschiedlich. Halten Sie den Welpen anfangs nur wenige Sekunden lang fest, loben Sie ihn dann und lassen Sie ihn los. Wenn sich der Welpe besser an diese Übung gewöhnt hat, halten Sie ihn etwas länger fest.

HILFE, ES KLAPPT NICHT

Mein Welpe windet sich wie ein Aal
Manche Welpen sind zappeliger als andere. Machen Sie diese Übung bei besonders quirligen Welpen dann, wenn sich der Welpe ohnehin gerade ausruht. Er soll nur ein paar Sekunden lang stillhalten, bevor Sie ihn wieder loslassen. Lassen Sie den Welpen nicht los, solange er zappelt – sonst lernt der Welpe daraus, dass er loskommt, wenn er gegen Sie ankämpft. Lassen Sie ihn erst los, wenn er stillhält.

TIPP Zappelt Ihr Welpe sehr stark, versuchen Sie die Seitenlage statt der Rückenlage.

1. Halten Sie Ihren Welpen in Rückenlage im Arm.

2. Heben Sie den Welpen hoch.

Setzen Sie den Welpen auf Ihren Beinen ab.

Rollen Sie ihn nach hinten.

Sobald sich der Welpe entspannt, lockern Sie Ihren Griff.

leicht

Boxenstopp

Hörzeichen
In die Box

Ihr Welpe geht auf das Kommando „In die Box" zufrieden in seine Kiste.

„Manchmal schlafe ich gerne in meiner Box. Manchmal will ich aber nicht schlafen, dann belle ich."

SCHRITT FÜR SCHRITT

1. Eine Box bietet Ihrem Welpen eine Höhle, in der er sich instinktiv sicher fühlt. Diese Welpen-Box ist sein ganz persönlicher Platz, an dem er in Ruhe gelassen werden soll. Decken oder eine Abdeckung machen den Platz gemütlich und bequem. Ein Spielzeug sorgt für Abwechslung.

2. Lassen Sie Ihren Welpen eine neue Box allein erkunden. Loben Sie ihn, wenn er von selbst hineingeht, werfen Sie ein Leckerchen hinein und sagen dabei „In die Box".

3. Wenn der Welpe erst einmal das Kommando erwartet, sagen Sie zu ihm „In die Box", aber ohne ein Leckerchen hineinzuwerfen. Geht er in die Box, loben Sie ihn sofort und geben ihm ein Leckerchen. Denken Sie daran, das Leckerchen zu geben, solange er *in* der Box ist, da dies das Verhalten ist, das Sie verstärken möchten.

4. Damit sich Ihr Welpe in der Box beschäftigt und wohlfühlt, können Sie ihm ein mit Streichwurst gefülltes Kong-Spielzeug mit in die Box geben.

DAS KÖNNEN SIE ERWARTEN: Als Teil des täglichen „Zubettgehrituals" wird sich Ihr Welpe auf die Box und sein Betthupferl freuen.

> **HILFE, ES KLAPPT NICHT**
>
> **Mein Welpe will nicht in die Box**
> Zwingen Sie Ihren Welpen niemals, in die Box zu gehen, da er dies sonst künftig verweigert. Bleiben Sie geduldig und lassen Sie ihm Zeit, die Box allein zu erkunden. Welpen zeigen bedeutend weniger Furcht vor einem Gegenstand, wenn sie ihn allein erkunden dürfen, als wenn sie dies unter Zwang tun.

> **TIPP** Die Welpenbox sollte so geräumig sein, dass der Welpe aufstehen, sich drehen und bequem hinlegen kann.

1. Decken und ein Spielzeug machen die Welpen-Box gemütlich.

2. Werfen Sie ein Leckerchen in die Box.

3. Geben Sie ihm ein Leckerchen, während er in der Box ist.

4. Mit einem Futterspielzeug ist der Welpe in seiner Box beschäftigt und zufrieden.

Basis-Training

leicht

Komm

Hörzeichen
Komm
Sichtzeichen

„Ich habe einen Freund, der ist eine Katze. Der ist manchmal ganz schön kratzbürstig."

Auf Ihr Rufen hin kommt Ihr Welpe sofort zu Ihnen. Belohnen Sie Ihren Welpen jedes Mal, wenn er Ihr Kommando „Komm" oder „Hier" befolgt, sei es mit Lob, einem Leckerchen oder einem Spiel.

SCHRITT FÜR SCHRITT

1. Die meisten Welpen kommen erwartungsvoll angesaust, wenn sie gerufen werden. Daher ist die Welpenzeit perfekt geeignet, ihnen diese Übung beizubringen. Geben Sie das Kommando „Komm" und locken Sie Ihren Welpen zu sich, indem Sie in die Hocke gehen, sich freuen, auf Ihre Beine klopfen und Ihre Arme ausbreiten.
2. Wenn der Welpe zu Ihnen gelaufen kommt, freuen Sie sich wie verrückt! Geben Sie ihm ein Leckerchen und sagen Sie ihm, wie toll er ist!
3. Nutzen Sie den Folgetrieb Ihres Welpen, indem Sie „Komm" rufen und vor ihm davonlaufen. Belohnen Sie ihn ganz begeistert, wenn er Sie einholt. Denken Sie daran: Sie einzuholen ist die Belohnung für Ihren Welpen – also machen Sie ein Vergnügen daraus, wenn er Sie einholt!
4. Spielt Ihr Welpe lieber „Weglaufen", nehmen Sie ihn an die Leine. Sagen Sie jetzt das Kommando „Komm". Locken Sie ihn notfalls mit einem Leckerchen, aber ziehen Sie ihn nicht zu sich heran – dabei lernt er nichts. Die Leine soll nur verhindern, dass er davonläuft.

DAS KÖNNEN SIE ERWARTEN: Ein Welpe kann die Bedeutung von „Komm" innerhalb einer Woche erlernen. Geben Sie dieses Kommando immer mit freundlicher Stimme und belohnen Sie Ihren Welpen jedes Mal, wenn er zu Ihnen kommt (selbst wenn die Belohnung „nur" ein Lob oder ein Streicheln ist).

HILFE, ES KLAPPT NICHT

Mein Welpe läuft davon!
Laufen Sie Ihrem Welpen nicht hinterher, da ihn dies nur ansport, mit Ihnen Weglaufen zu spielen. Tun Sie so, als ob Sie sich für etwas am Boden interessieren oder werfen Sie ein Spielzeug und heucheln Sie Interesse daran. Das dürfte die Neugier Ihres Welpen wecken und ihn dazu bringen, zu Ihnen zurückzukommen.

TIPP Rufen Sie Ihren Welpen mit dem Kommando „Komm" immer zu etwas Positivem, nie zu etwas Negativem (wie Baden oder Krallenschneiden). So wird er stets gerne zu Ihnen kommen!

1. Klopfen Sie sich auf die Beine, breiten Sie die Arme aus und rufen Sie „Komm".
2. Belohnen Sie Ihren Welpen überschwenglich, wenn er zu Ihnen kommt.

3. Nutzen Sie den Folgetrieb Ihres Welpen, indem Sie vor ihm davonlaufen.
4. Um ihn am Weglaufen zu hindern, können Sie ihn auch anleinen.

Basis-Training

mittel

Bleib

Hörzeichen
Bleib
Sichtzeichen

„Du siehst echt komisch aus, wenn Du das machst!"

Im Bleib verharrt Ihr Welpe solange in seiner Position, bis das Kommando aufgelöst wird. Ein Welpe kann die Kommandos Sitz-Bleib, Platz-Bleib und sogar Steh-Bleib erlernen.

SCHRITT FÜR SCHRITT

1. Beginnen Sie mit der Übung, während Ihr Welpe im Sitz ist. Stehen Sie direkt vor dem Welpen und halten Sie ihm die flache Hand vor die Nase. Sagen Sie mit fester Stimme „Bleib".
2. Treten Sie einen Schritt zurück, aber halten Sie Ihre Hand weiterhin hoch. Schauen Sie dem Welpen direkt in die Augen, damit er sitzenbleibt. Warten Sie eine Sekunde und treten Sie nach vorn. Loben Sie Ihren Welpen mit „Schön Bleib" und geben ihm ein Leckerchen. Achten Sie darauf, den Welpen zu loben und ihm das Leckerchen zu geben, solange er noch sitzt und nicht erst, nachdem er aufgestanden ist.
3. Steht Ihr Welpe auf, bevor Sie das Kommando aufgelöst haben, bringen Sie ihn an die Ausgangsstelle zurück.
4. Verlängern Sie allmählich den Zeitraum, den Ihr Welpe im Bleib verharren soll, ebenso die Entfernung zwischen Ihnen beiden. Sie möchten, dass Ihr Welpe Erfolg hat. Wenn er sich also aus dem Bleib wegbewegt, verkürzen Sie Zeitraum und Distanz so weit, dass er beides bewältigen kann.

DAS KÖNNEN SIE ERWARTEN: Welpen brauchen Zeit, um Selbstbeherrschung zu lernen. Verlangen Sie von Ihrem Welpen nur das, was er auch tatsächlich erreichen kann. Mit zunehmender Reife kann der Welpe immer länger im Bleib verharren.

HILFE, ES KLAPPT NICHT

Mein Welpe steht immer auf
Arbeiten Sie mit möglichst wenigen Hörzeichen beim Üben dieser Fertigkeit. Sprache erzeugt Aktivität, Sie aber möchten Inaktivität. Achten Sie auf langsame und kontrollierte Bewegungen.

Mein Welpe hebt das Bleib eine Sekunde, bevor ich es auflöse, auf
Zeigen Sie ihm das Leckerchen erst, wenn Sie es ihm geben, da es der Auslöser für vorzeitiges Aufstehen sein kann. Variieren Sie Ihr Übungsmuster: gehen Sie aufs Geratewohl auf Ihren Welpen zu und wieder von ihm weg, ohne ihn zu belohnen.

TIPP Wenn Sie Aktivität wollen, rufen Sie Ihren Welpen beim Namen („Molly, komm"). Wenn Sie Inaktivität wollen, rufen Sie ihn nicht beim Namen („Bleib").

1. Geben Sie Ihrem Welpen das Kommando „Bleib".

2. Treten Sie einen Schritt zurück und halten dabei Ihre Hand hoch.

Halten Sie den Welpen mit Blickkontakt in seiner Position.

Gehen Sie wieder einen Schritt nach vorne und belohnen Sie ihn.

leicht

Such' mich

Hörzeichen
Such [Ihr Name]

Verstecken Sie sich vor Ihrem Welpen. Fordern Sie ihn auf, Sie zu suchen, wenn Ihr Name gerufen wird und belohnen Sie ihn, wenn er Sie gefunden hat. Mit diesem Spiel lernt Ihr Welpe, Ihren Namen zu erkennen und wird darauf konditioniert, auch *Sie* als Belohnung zu betrachten.

„Ich bin richtig gut im Suchen und Finden. Neulich hab' ich was ganz Tolles im Garten gefunden."

SCHRITT FÜR SCHRITT

1. Machen Sie aus diesem Spiel ein Abenteuer für Ihren Welpen, mit viel Tamtam und Gelächter! Stecken Sie sich ein paar Leckerlis in Ihre Hosentasche und schleichen Sie sich aus dem Zimmer, wenn Ihr Welpe abgelenkt ist.
2. Rufen Sie mit fröhlicher Stimme „Such [Ihr Name]!" Horchen Sie auf das Tapsen der Pfoten Ihres Welpen. Wenn Sie merken, dass der Welpe nicht zu Ihnen gerannt kommt, rufen Sie ihn erneut.
3. Wenn Ihr Welpe Sie findet, freuen Sie sich wie verrückt! Lachen Sie, loben Sie ihn und geben ihm ein Leckerchen. Bestärken Sie den Welpen darin, Ihren Namen zu erkennen, indem Sie sagen „Schön Such [Ihr Name]!"

DAS KÖNNEN SIE ERWARTEN: Dieser Trick ist eine geniale Mischung aus Spaß und Lernen! Die meisten Welpen lieben dieses Spiel und sind total begeistert, Sie zu suchen! In dem Maße, in dem der Geruchssinn Ihres Welpen zunimmt, wird er seine Nase benutzen, um nach Ihnen zu schnüffeln und Sie werden sich schwierigere Verstecke aussuchen müssen!

HILFE, ES KLAPPT NICHT

Mein Welpe bekommt Angst und heult, wenn er mich nicht finden kann
Wenn Ihr Welpe nach Ihnen sucht, Sie aber nicht finden kann, bekommt er vielleicht Angst. Helfen Sie ihm durch Händeklatschen oder eine kleine Bewegung, sodass er Sie ausfindig machen kann. Er wird umso stolzer auf seinen Erfolg sein, wenn die Suche nach Ihnen nicht ganz einfach war!

TIPP Ihr Welpe lernt die Namen anderer Familienmitglieder, indem Sie diese sich verstecken und Sie Ihren Welpen auffordern, sie zu suchen, wenn ihr Name gerufen wird.

1. Schleichen Sie sich aus dem Zimmer, wenn Ihr Welpe abgelenkt ist.

2. Fordern Sie den Welpen auf mit „Such [Ihr Name]!"

3. Machen Sie ein großes Tamtam, wenn der Welpe Sie findet!

Geben Sie Ihrem Welpen ein Leckerchen.

Kapitel 2: Positionen

„Hoppla! Wart' mal, ich mach's nochmal. Schaust Du auch zu?"

Pfoten,

Beine und Kopf können verschiedene Positionen einnehmen. Sie können Ihrem Welpen für jede Stellung ein Kommando beibringen, etwa für *Pfote geben*, *Sitz* oder *Rolle*. Indem der Welpe die Signale für diese Körperstellungen lernt, entwickeln Sie beide eine gemeinsame Sprache, mit der Sie sich untereinander verständigen können.

Manche Tricks in diesem Kapitel erfordern ein Maß an körperlicher Kraft und Koordination, die ein Welpe unter Umständen noch nicht besitzt. Kriechen, sich verbeugen und eine Rolle machen ist für einen Welpen schwieriger als ein *Sitz*, *Platz* oder *Pfote* geben. Selbstsicheren und gut sozialisierten Welpen fallen solche Tricks wie *Gib Laut* oder *Heulen* leichter.

Auch wenn man versucht ist, den Hund durch körperliche Einwirkung in die richtige Position zu bringen, indem man etwa seine Pfote anhebt, wenn man ihm *Pfote geben* beibringt, profitiert er mehr davon, wenn man ihm Zeit lässt, die richtige Körperstellung von alleine herauszufinden.

Damit der Hund eine gewünschte Körperstellung einnimmt, bringen wir meistens zuerst seinen Kopf in eine bestimmte Position. Diese Methode ist äußerst effektiv, wenn sie richtig angewendet wird. Sehen Sie sich die Fotos genau an – sie zeigen, wie man das Leckerchen richtig hält und wie man es richtig gibt.

„Sieh' mal, was ich kann."

leicht

Sitz

Hörzeichen
Sitz
Sichtzeichen

„Heute wurde ich gebadet. Danach bin ich immerfort im Kreis herumgerannt."

Sitz ist oft das erste „Kunststück", das ein Welpe lernt. Sogar erst acht Wochen alte Welpen können schon Sitz lernen.

SCHRITT FÜR SCHRITT

1. Knien Sie sich vor Ihren Welpen. Halten Sie in einer Hand den Clicker, in der anderen ein Leckerchen vor die Nase Ihres Welpen.
2. Geben Sie das Kommando „Sitz" und führen Sie das Leckerchen langsam in einem Aufwärtsbogen nach hinten über den Kopf des Welpen. Dadurch soll erreicht werden, dass der Welpe seine Schnauze nach oben richtet und automatisch mit seinem Hinterteil nach unten geht. Der Trick dabei ist: zuerst die Nase des Welpen nach oben locken, dann das Leckerchen schräg von der Nase in Richtung Rute nach unten führen.
3. In dem Moment, in dem der Welpe korrekt sitzt, klicken Sie und geben ihm das Leckerchen.
4. Falls Ihr Welpe hochspringt, halten Sie das Leckerchen möglicherweise zu hoch. Geht Ihr Welpe rückwärts, führen Sie das Leckerchen wahrscheinlich in gerader Richtung und nicht in einem Bogen.
5. Bleibt Ihr Welpe sitzen, warten Sie ein paar Sekunden, bevor Sie klicken und den Welpen belohnen.

DAS KÖNNEN SIE ERWARTEN: Die meisten Welpen lernen dieses Kommando innerhalb weniger Tage. Dann sind etwa noch mindestens 100 Wiederholungen nötig, bevor sie das Kommando zuverlässig ausführen.

HILFE, ES KLAPPT NICHT

Ich schaffe es nicht, dass sich mein Welpe setzt

Manche Welpen sind zappelig und es kann eine ganze Weile dauern, bis Ihr Welpe endlich sitzt. Manchmal hilft es auch, wenn Sie Sitz vor einer Wand üben, da der Welpe dann keine Ausweichmöglichkeit mehr nach hinten hat.

TIPP Denken Sie daran, Ihren Welpen nur dann zu belohnen, wenn er sich in der richtigen Position befindet – nämlich im Sitz.

1. Halten Sie Ihrem Welpen ein Leckerchen vor die Nase.

2. Locken Sie seine Schnauze nach oben und nach hinten, so dass sein Hinterteil automatisch nach unten geht.

3. Drücken Sie den Clicker und belohnen Sie Ihren Welpen, sobald sein Hinterteil den Boden berührt.

4. Halten Sie das Leckerchen nicht zu hoch. Führen Sie das Leckerchen nicht in gerader Richtung.

5. Geben Sie Ihrem Welpen das Kommando „Sitz" und warten Sie kurz, bevor Sie klicken und belohnen.

leicht

Platz

Hörzeichen
Platz
Sichtzeichen

„Ich mag Eiswürfel – sie sind toll zum Spielen und zum Zerkauen."

Bringen Sie Ihrem Welpen bei, sich hinzulegen (und wenn auch nur für einen Augenblick). Diesen Trick können auch ganz junge Welpen lernen.

SCHRITT FÜR SCHRITT

1. Knien Sie sich vor Ihren Welpen. Zeigen Sie ihm ein Leckerchen und führen Sie es ziemlich schnell nach unten und in Richtung seiner Vorderpfoten.
2. Wenn Ihr Welpe dem Leckerchen folgt, landet seine Nase zwischen seinen Pfoten. Aus dieser unbequemen Stellung heraus legt sich der Welpe meistens hin. Legt er sich nicht sofort richtig hin, schieben Sie das Leckerchen auf dem Boden zu ihm hin, dadurch wird es noch unbequemer für ihn. Es kann etwas dauern, aber schlussendlich wird er sich hinlegen.
3. Sobald er liegt, klicken Sie und geben ihm das Leckerchen.
4. Nach einigen gelungenen Übungen versuchen Sie, an Stelle des Leckerchens nur mit der flachen Hand auf den Boden zeigen. Legt sich Ihr Welpe hin, klicken Sie und geben ihm ein Leckerchen. Denken Sie daran, den Welpen zu belohnen, solange er liegt und nicht erst, nachdem er bereits aufgestanden ist.

DAS KÖNNEN SIE ERWARTEN: Bei Welpen dauert es oft zwei bis drei Wochen, bis Sie dieses Kommando beherrschen. Denken Sie daran, genau dann zu klicken, wenn er sich hinlegt. Das hilft ihm, zu verstehen, warum er belohnt wurde.

HILFE, ES KLAPPT NICHT

Auf manchen Böden legt sich mein Welpe hin, auf manchen aber nicht
Achten Sie auf die Beschaffenheit des Bodens. Welpen von Kurzhaarrassen weigern sich häufig, auf hartem oder kaltem Boden zu liegen. Versuchen Sie es mit einem Teppich oder einer Decke.

TIPP Machen Sie diese Übung dann, wenn Ihr Welpe schon etwas müde ist – er wird dann eher bereit sein, sich hinzulegen.

1. Führen Sie das Leckerchen schräg in Richtung Vorderpfoten des Welpen.

2. Schieben Sie das Leckerchen auf dem Boden zu Ihrem Welpen hin.

3. Sobald sich der Welpe hinlegt, klicken Sie und geben ihm das Leckerchen.

4. Versuchen Sie es mit der flachen Hand an Stelle des Leckerchens. Klicken Sie und geben dem Welpen ein Leckerchen aus Ihrer Tasche.

Positionen

leicht

Kriechen

Hörzeichen
Kriechen

„Das Gras kitzelt mich am Bauch!"

Bei diesem Trick kriecht Ihr Welpe vorwärts und rutscht dabei mit dem Bauch über den Boden.

SCHRITT FÜR SCHRITT

1. Beginnen Sie mit dem Junghund im Platz, während Sie neben ihm knien. Zeigen Sie ihm, dass Sie ein Leckerchen unter Ihrer Hand versteckt haben.
2. Sagen Sie mit langgezogener Stimme „Kriechen …", während Sie das Leckerchen langsam von ihm wegziehen.
3. Ihr Junghund wird hoffentlich einen oder zwei Schritte mit seinen Vorderpfoten kriechen, um dem Leckerchen zu folgen. Klicken, wenn er das macht und geben Sie ihm das Leckerchen.
4. Verlängern Sie die Entfernung, indem Sie warten, bis Ihr Hund mehrere Kriechschritte macht, bevor Sie den Clicker drücken und ihn belohnen.

DAS KÖNNEN SIE ERWARTEN: Viele junge Hunde sind in der Lage, bereits in ihrer ersten Übungseinheit mit dem Kriechen anzufangen. Hochläufigen Rassen fällt das Kriechen naturgemäß schwerer. Junge Hunde aller Rassen müssen für längere Entfernungen erst die erforderliche Kraft zum Kriechen entwickeln.

HILFE, ES KLAPPT NICHT

Mein Hund steht auf
Sie ziehen das Leckerchen zu schnell von ihm weg.

Mein Hund bewegt sich gar nicht
Er ist vielleicht unsicher und weiß nicht genau, was er tun soll. Lassen Sie nicht nach mit Ihrer Begeisterung!

TIPP Ihr Hund kriecht lieber auf einem angenehmen Untergrund wie beispielsweise Gras oder einem Teppich.

1. Zeigen Sie Ihrem jungen Hund, dass Sie ein Leckerchen unter Ihrer Hand versteckt haben.

2. Ziehen Sie das Leckerchen langsam von ihm weg.

3. Klicken Sie, sobald er einen Kriechschritt macht und geben Sie ihm das Leckerchen.

4. Verlängern Sie die Entfernung.

fortgeschritten

Rolle

Hörzeichen
Rolle

Ihr Hund rollt sich von der Seite auf den Rücken und beschreibt dabei eine volle Drehung. Hunden kleinwüchsiger Rassen fällt dieser Trick naturgemäß leichter, aber generelle sind alle Hunde in der Lage, diesen Trick zu lernen.

„Ich wälz' mich gern – egal in was."

SCHRITT FÜR SCHRITT

1. Knien Sie sich vor Ihrem Junghund hin, während er ins Platz geht. Halten Sie ihm ein Leckerchen vor die Nase und führen Sie es an einer Seite an seinem Kopf vorbei. (Die Rolle wird auf die entgegengesetzte Seite ausgeübt – siehe Fotos Seite 46).
2. Setzen Sie Ihre Handbewegung mit dem Leckerchen in Richtung Schulterblatt fort. Das sollte Ihren Hund dazu bringen, sich auf die Seite fallen zu lassen. Klicken Sie in diesem Moment und geben ihm das Leckerchen.
3. Sobald Sie für den nächsten Lernschritt bereit sind, setzen Sie Ihre Handbewegung mit dem Leckerchen vom Schulterblatt bis zur Wirbelsäule fort. Das sollte Ihren Hund dazu bringen, sich auf den Rücken und auf die andere Seite zu rollen. Klicken Sie und belohnen Sie ihn, sobald er sich auf die andere Seite rollt.
4. Geben Sie bei zunehmendem Fortschritt das Hörzeichen „Rolle" und arbeiten Sie mit einem unauffälligeren Sichtzeichen. Häufig ist es hilfreich, wenn Sie sich mit Ihrem Körper in die Richtung, in die die Rolle erfolgen soll, lehnen, um Ihren Hund daran zu erinnern, was er tun soll.

DAS KÖNNEN SIE ERWARTEN: Bei fünf bis zehn Wiederholungen pro Übungseinheit dürfte Ihr Hund innerhalb von zwei Wochen schon eine Rolle machen können!

HILFE, ES KLAPPT NICHT

Mein Hund windet sich, rollt sich aber nicht auf die Seite
Alles nur eine Frage Ihrer Handstellung. Sein Hals sollte so gebogen sein, als ob seine Nase sein Schulterblatt erreichen wollte.

Mein Hund rollt sich zwar zur Seite, aber nicht auf den Rücken
Helfen Sie ihm in diesem Fall, die Rolle abzuschließen, indem Sie behutsam mit Ihrer Hand den Vorderläufen nachhelfen.

TIPP Warten Sie nach dem Füttern mit diesem Trick mindestens zwei Stunden (es droht sonst eine Magendrehung)!

„Ich mach' mein Geschäft immer draußen. Meistens jedenfalls."

Positionen

ROLLE

1 Führen Sie das Leckerchen von der Nase Ihres Hundes … seitlich an seinen Kopf.

2 Setzen Sie Ihre Handbewegung mit dem Leckerchen bis zum Schulterblatt fort.

3 Führen Sie das Leckerchen vom Schulterblatt zur Wirbelsäule.

Folgt der Hund dem Leckerchen, dürfte ihn das dazu bringen, sich auf den Rücken zu rollen …

und dann auf die andere Seite.   Klicken Sie und belohnen Sie ihn, wenn er sich auf die andere Seite rollt.

4 Geben Sie das Kommando „Rolle" und arbeiten Sie mit einem unauffälligeren Sichtzeichen.

leicht

Pfoten hoch

Hörzeichen
Pfoten hoch

„Ich geh' mit meinem Frauchen in die Welpenschule, damit sie etwas lernen kann."

Ihr Junghund lernt, seine Vorderpfoten auf einen Gegenstand wie eine Kiste oder einen stabilen Stuhl zu stellen.

SCHRITT FÜR SCHRITT

1. Halten Sie ein Leckerchen in geringem Abstand über eine stabile Kiste oder einen niedrigen Stuhl und geben Sie Ihrem Junghund das Kommando „Pfoten hoch". Klopfen Sie mit der anderen Hand auf die Kiste, damit er seine Vorderpfoten daraufstellt.
2. Sobald er beide Vorderpfoten auf die Kiste stellt, klicken Sie und geben ihm das Leckerchen.
3. Hat er den Dreh raus, lassen Sie das Leckerchen in Ihrer Leckerchentasche und geben ihm das Kommando ohne den Futteranreiz. Stellt er seine Vorderpfoten auf die Kiste, klicken Sie und geben ihm ein Leckerchen.

DAS KÖNNEN SIE ERWARTEN: Die meisten Junghunde kann man während der ersten Übungseinheit auf eine Kiste locken. Manche Hunde sind etwas ängstlicher als andere und brauchen dazu vielleicht zwei oder drei Tage.

„Wenn ich nicht weiß, was es ist, dann fresse ich's meist einfach auf."

HILFE, ES KLAPPT NICHT

Mein Junghund stellt sich nicht auf die Kiste

Ermuntern Sie ihn, indem Sie mit der Hand auf die Kiste klopfen und mit Ihrer Freu-Stimme zu ihm sprechen. Belohnen Sie ihn, auch wenn er anfangs nur eine Pfote auf die Kiste stellt.

Mein Junghund springt entweder ganz auf die Kiste oder darüber hinweg

Sie halten das Leckerchen zu weit hinter der Mitte der Kiste. Halten Sie das Leckerchen in ganz geringem Abstand zur Außenkante der Kiste.

TIPP Ihr Hund vertraut Ihnen. Wenn Sie ihn auffordern, auf eine Kiste zu steigen, achten Sie darauf, dass die Kiste nicht umfällt, da sonst sein Vertrauen in Sie beeinträchtigt wird.

1. Locken Sie Ihren Junghund mit einem Leckerchen auf die Kiste. Klopfen Sie auf die Kiste, um ihn zum Aufsteigen zu animieren.

2. Klicken Sie, sobald er mit beiden Vorderpfoten auf der Kiste steht. Geben Sie ihm jetzt das Leckerchen.

3. Im nächsten Schritt geben Sie dem Hund nur das Kommando, ohne Leckerchen. Klicken Sie und belohnen Sie ihn mit einem Leckerchen aus Ihrer Tasche.

Positionen

mittel

Verbeugung

Hörzeichen
Beten
Sichtzeichen

Ihr Hund legt seine Vorderpfoten auf die Bett- oder Stuhlkante und versteckt seinen Kopf zwischen seinen Vorderläufen.

„Es war ein Versehen."

SCHRITT FÜR SCHRITT

1. Bringen Sie Ihrem Junghund zunächst den Trick **Pfoten hoch** bei (Seite 48). Knien Sie sich vor die Kiste, während er neben Ihnen sitzt. Halten Sie in der Hand, die dem Welpen am nächsten ist, ein Leckerchen und in der anderen Ihren Clicker.
2. Bringen Sie mit der Hand, die den Clicker hält, den Vierbeiner dazu, seine Pfoten auf die Kiste zu stellen.
3. Sobald er die Pfoten auf die Kiste gestellt hat, geben Sie das Kommando „Beten" und führen Sie Ihre Hand mit dem Leckerchen von unten heran, damit er seinen Kopf nach unten zwischen seine Vorderläufe steckt.
4. Sobald er seinen Kopf zum Leckerchen hinunterbeugt, klicken Sie und geben ihm das Leckerchen. Fangen Sie mit einer leichten Kopfverbeugung an und geben Sie ihm das Leckerchen nur, wenn er sich in der richtigen Position befindet – mit beiden Vorderpfoten auf der Kiste und mit gebeugtem Kopf.
5. Lassen Sie ihn mit zunehmendem Fortschritt ein paar Sekunden lang warten, bevor Sie ihm das Leckerchen aus Ihrer geschlossenen Faust geben.

DAS KÖNNEN SIE ERWARTEN: Junge Hunde zappeln oft mehrere Wochen lang herum, bis Sie diesen Trick begriffen haben.

HILFE, ES KLAPPT NICHT

Mein Hund nimmt eine Pfote von der Kiste, wenn ich ihm das Leckerchen anbiete

Halten Sie ihm das Leckerchen dichter an die Nase und nicht ganz so weit unten. Ihr Arm sollte von unten kommen.

TIPP Geben Sie die Belohnung immer von unten, etwa auf Brusthöhe. Eine Belohnung von oben würde den Hund dazu bringen, erwartungsvoll nach oben zu spähen.

1. Halten Sie den Clicker in einer Hand, ein Leckerchen in der anderen.

2. Bringen Sie mit der Hand, in der der Clicker ist, den Junghund dazu, seine Vorderpfoten auf die Kiste zu stellen.

3. Locken Sie mit dem Leckerchen in Ihrer anderen Hand seinen Kopf nach unten.

4. Klicken Sie und geben Sie ihm das Leckerchen.

5. Lassen Sie ihn ein paar Sekunden lang warten, bevor Sie ihm das Leckerchen geben.

Positionen

mittel

Tauziehen

Hörzeichen
Zieh

Viele Hunde spielen gerne Tauziehen mit ihrem Herrchen oder Frauchen – ein gemeinsames Spiel kann die Bindung zwischen Ihnen beiden vertiefen.

Beherrscht Ihr Hund einmal das Tauziehen, können Sie ihn dazu bringen, mit dieser Fertigkeit ein Seil zu ziehen, um eine Tür, ein Tor, eine Schublade oder den Deckel einer Spielzeugkiste zu öffnen.

„Ich bin stärker als jeder andere!"

SCHRITT FÜR SCHRITT

1. Suchen Sie ein langes und biegsames Spielzeug mit herabhängenden Fell-, Plüsch- oder Lederteilen aus. Quietschis oder Futterbeutel sind besonders attraktiv.

2. Spielen Sie mit dem Spielzeug. Wenn es für Sie interessant ist, wird es auch für Ihren jungen Hund interessant. Werfen Sie das Spielzeug ziellos über den Boden, weg von ihm. Zögert er noch, lassen Sie das Spielzeug kurz auf dem Boden liegen, bevor Sie es dann zuckend über den Boden bewegen, als ob das Spielzeug in Panik vor dem Hund davonlaufen wollte. Das Spielzeug sollte ein richtiges Beutetier imitieren, das nicht gefangen werden will.

3. Sobald Ihr Vierbeiner das Spielzeug fängt, sagen Sie „Zieh'" und ziehen daran. Bewegen Sie das Spielzeug leicht hin und her (nicht vor und zurück) und ziehen Sie hin und wieder mit einem leichten Ruck daran. Fällt das Spielzeug Ihrem Hund aus dem Maul, wird es wieder zum lebenden Beutetier. Spielt Ihr junger Hund nur zögernd, lassen Sie das Spielzeug sofort los, wenn er es packt und loben Sie ihn überschwänglich.

4. Überlassen Sie Ihrem Hund nach ein paar Sekunden Tauziehen das Spielzeug als Belohnung.

DAS KÖNNEN SIE ERWARTEN: Molosser und Terrier sind geborene Tauzieher, aber alle jungen Hunde mögen es hin und wieder. Wenn Sie oft spielen, wird Ihr Hund innerhalb einer Woche kräftig Tauziehen!

HILFE, ES KLAPPT NICHT

Stimmt es, dass Tauziehen bei einem Hund Aggressionen hervorrufen kann?
Tauziehen ist ein Beutetrieb-Spiel und es ist nicht ungewöhnlich, dass die jungen Hunde dabei knurren. Das ist nicht unbedingt aggressives Verhalten. Sie sollten jedoch darauf achten, dass das Tauziehen nicht zu wild wird, sondern gemäßigt ausfällt. Knurrt Ihr Hund zu viel, beenden Sie das Spiel und räumen Sie das Spielzeug weg.

TIPP Je spielerischer das Tauziehen stattfindet, umso schneller wird Ihr Junghund es begreifen.

1. Suchen Sie das richtige Spielzeug für Ihren jungen Hund aus.
2. Spielen Sie mit dem Spielzeug, um sein Interesse dafür zu wecken.

3. Spielen Sie Tauziehen, wenn er das Spielzeug fängt.
4. Lassen Sie ihn Ihnen das Spielzeug aus der Hand ziehen.

Positionen

leicht

Küsschen

Hörzeichen
Küsschen

„Wann gibt's denn endlich Happa-Happa?"

Ihr Welpe gibt Küsschen, indem er Ihre Wange ableckt oder mit der Schnauze anstupst.

SCHRITT FÜR SCHRITT

1. Setzen Sie sich in „Welpenhöhe" auf den Boden und lassen Sie Ihren Welpen etwas Streichwurst von Ihrem Finger ablecken.
2. Zeigen Sie Ihrem Welpen, wie Sie etwas Streichwurst auf Ihre Wange tupfen. Fordern Sie Ihren Welpen zu „Küsschen!" auf.
3. Sobald der Welpe Ihre Wange mit seiner Schnauze oder Zunge berührt, klicken Sie und geben Sie ihm ein Leckerchen.
4. Nachdem Sie Ihren Welpen wiederholt die Streichwurst von Ihrer Wange haben ablecken lassen, versuchen Sie es einmal ohne Streichwurst. Halten Sie ein Leckerchen hinter Ihrem Rücken parat, zeigen auf Ihre Wange und fordern Sie Ihren Welpen zu „Küsschen!" auf. Leckt er sie ab oder stupst Sie an, drücken Sie in dem Moment den Clicker und belohnen den Welpen dann mit dem Leckerchen, das Sie hinter dem Rücken hielten.

DAS KÖNNEN SIE ERWARTEN: Welpen lernen diesen Trick oft innerhalb einer Woche. Scheue Welpen brauchen unter Umständen noch etwas mehr „Überredung".

HILFE, ES KLAPPT NICHT

Mein Welpe beißt mir in die Wange
Welpen haben scharfe Milchzähne und beherrschen noch nicht die Beißhemmung. Sagen Sie mit langgezogener Stimme zu Ihrem Welpen „voooooorsiiiichtiiiiig". Beißt Ihr Welpe Sie aus Versehen, sagen Sie „Autsch!" und schieben ihn von sich weg. (Sie selbst bleiben an Ort und Stelle und schieben den Welpen weg. Wenn dagegen Sie vor dem Welpen zurückweichen, könnte er dies als tolles Spiel auslegen und Ihnen folgen.)

TIPP Hat Ihr Welpe den typischen „Welpenmundgeruch"? Das kommt vom Blut in seinem Maul wegen des Zahnens. Geben Sie ihm einige tiefgefrorene Gemüsestückchen – darauf zu kauen lindert den Schmerz.

1. Lassen Sie Ihren Welpen Ihren Finger ablecken.

2. Tupfen Sie etwas Streichwurst auf Ihre Wange.

3. Klicken Sie, sobald der Welpe Ihre Wange berührt.

leicht

Kopf schief legen

Hörzeichen
Was ist das?
Sichtzeichen

Machen Sie ein hinreißendes Foto von Ihrem Welpen, wie er die Ohren spitzt und den Kopf schief legt.

„Ich kann Krallenschneiden nicht leiden, deshalb zapple ich wie wild oder laufe davon."

SCHRITT FÜR SCHRITT

1. Hunden fällt es schwer, die Richtung, aus der ein hoher Ton kommt, zu bestimmen. Daher spitzen sie die Ohren und legen den Kopf schief, um den Ton besser ausfindig machen zu können. Suchen Sie ein Spielzeug aus, das einen langgezogenen, hohen Ton von sich gibt. Sie können auch einen aufgeblasenen Luftballon nehmen und die Öffnung zu einem Schlitz ziehen, so dass er quietscht, wenn die Luft daraus entweicht.
2. Verstecken Sie das Spielzeug hinter Ihrem Rücken und lassen Sie es quietschen. Wenn es quietscht, fragen Sie mit hoher Stimme „Was ist das?".
3. Sobald Ihr Welpe den Kopf schief legt, drücken Sie Ihren Clicker und geben dem Welpen ein Leckerchen.
4. Versuchen Sie es nun ohne Spielzeug. Sagen Sie mit hoher Stimme in einer Art Singsang, um das Spielzeug nachzuahmen, „Was ist das?". Klicken Sie und belohnen Sie Ihren Welpen, wenn er seinen Kopf schief legt.

DAS KÖNNEN SIE ERWARTEN: Manche Welpen legen den Kopf eher schief als andere, je nach Ohransatz und Reaktion auf Geräusche. Oft werden Sie es gleich beim ersten Mal schaffen, dass Ihr Welpe den Kopf schief legt.

HILFE, ES KLAPPT NICHT
Mein Welpe legt den Kopf nicht schief
Probieren Sie unterschiedliche Laute aus, wie einen Zischlaut „pssssss" oder ein abgehacktes „iii-iii-iii" oder Ihre beste Imitation einer knarrenden Tür, die sich öffnet: „krrrrrkk".

TIPP Am stärksten reagieren Welpen auf ein Geräusch, wenn sie es das erste Mal hören. Mit der Zeit gewöhnen sie sich dann an das Geräusch.

2. Verstecken Sie das Spielzeug hinter Ihrem Rücken und lassen Sie es quietschen.

3. Drücken Sie den Clicker und belohnen Sie den Welpen, sobald er seinen Kopf schief legt.

4. Sprechen Sie mit hoher Stimme zu ihm, um dieselbe Reaktion hervorzurufen. Klicken Sie und geben ihm ein Leckerchen.

mittel

An der lockeren Leine laufen

Hörzeichen
Gassi

„Ich wünschte, wir würden *ständig* spazierengehen!"

Bringen Sie Ihrem Welpen bei, ohne zu ziehen neben Ihnen an der lockeren Leine zu laufen.

SCHRITT FÜR SCHRITT

1. Gehen Sie mit Ihrem Welpen an einer 1,80 m langen Leine spazieren. Halten Sie in einer Hand die Leine, in der anderen Ihren Clicker.
2. Jedes Mal, wenn Ihr Welpe nicht mehr zieht und die Leine locker lässt, klicken Sie und geben ihm ein Leckerchen. Sagen Sie „schön Gassi", damit für den Welpen dieses Kommando positiv besetzt ist.
3. Nachdem Sie mehrmals Gassi gegangen sind und Ihren Welpen für zivilisiertes Gehen positiv bestärkt haben, sollten Sie ihm zeigen, dass Sie Ziehen nicht durchgehen lassen. Drängt sich Ihr Welpe also nach vorne und zieht an der Leine, bleiben Sie einfach stehen. Lassen Sie nicht zu, dass der Welpe Sie nach vorne zieht.
4. Ihr Welpe wird sich nach einer Weile umdrehen und auf Sie zugehen. In diesem Moment klicken Sie und geben ihm ein Leckerchen. Geben Sie das Kommando „Gassi" und gehen Sie wieder weiter.

DAS KÖNNEN SIE ERWARTEN: Anfangs werden Sie sehr oft stehenbleiben. Machen Sie sich nichts draus, wenn Sie von Ihrer Haustür bis zur Straße volle zehn Minuten brauchen – mit jedem Mal funktioniert es besser. Denken Sie daran, gleichermaßen zu belohnen wie stehenzubleiben – innerhalb von zwei bis drei Wochen dürfte Ihr Welpe bereits sehr schön an der lockeren Leine laufen.

HILFE, ES KLAPPT NICHT

Soll ich dem Welpen einen Klaps mit der Leine geben, wenn er zieht?

Nein. Ihr Ziel sollte es sein, nicht den Welpen zu verletzen, sondern ihm nicht zu gestatten, sich durch Ziehen durchzusetzen. Der Welpe wird lernen, dass es vorangeht, solange dies mit durchhängender Leine geschieht. Ziehen hat immer Stehenbleiben zur Folge.

TIPP Einem unbeaufsichtigten Welpen nimmt man besser das Halsband ab oder man verwendet ein selbstöffnendes Halsband mit Sicherheitsverschluss, damit der Welpe nirgendwo hängenbleibt.

1. Halten Sie in einer Hand die Leine, in der anderen Ihren Clicker.

2. Jedes Mal, wenn Ihr Welpe die Leine locker lässt, klicken Sie und geben ihm ein Leckerchen.

3. Wenn Ihr Welpe zieht …

bleiben Sie einfach stehen.

Positionen

fortgeschritten

Pfote geben

Hörzeichen
Pfote
Sichtzeichen

„Mein Frauchen sagt, dass ich richtig groß werde, weil ich so große Pfoten habe."

Bringen Sie Ihrem Welpen bei, dass er höflich die Pfote hebt und Ihnen gibt. Später kann Ihr Welpe lernen, sowohl die rechte wie die linke Pfote zu geben.

SCHRITT FÜR SCHRITT

1. Halten Sie in einer Hand den Clicker. In der anderen Hand haben Sie ein Leckerchen in Ihrer Faust, die sich dicht über dem Boden vor Ihren Welpen befindet. Fordern Sie den Welpen auf, danach zu pföteln, indem Sie sagen „Nimm's" und „Pfote".

2. Sobald Ihr Welpe seine Pfote vom Boden nimmt, egal ob er damit Ihre Hand berührt oder nicht, klicken Sie, öffnen Ihre Faust und lassen ihn das Leckerchen fressen. Der Zeitpunkt des Klickens ist sehr wichtig. Versuchen Sie, zu klicken, sobald die Pfote nicht mehr den Boden berührt und nicht erst, nachdem der Welpe seine Pfote wieder zurückgesetzt hat. Haben Sie Geduld – es kann ein paar Minuten dauern, bis der Welpe das gewünschte Verhalten zeigt.

3. Wenn der Welpe seine Pfote schon gut anheben kann, können Sie den Anspruch erhöhen, indem Sie den Welpen auffordern, die Pfote höher zu halten. Halten Sie Ihre Hand mit dem Leckerchen höher und fordern Sie Ihren Welpen auf, danach zu pföteln. Sobald er dies tut, klicken Sie, öffnen Ihre Faust und lassen ihn das Leckerchen fressen. Auch hier ist der exakte Zeitpunkt des Klickens wichtig – genau dann, wenn der Welpe mit seiner Pfote Ihre Hand berührt.

4. Sobald Ihr Welpe dieses Verhalten beherrscht, versuchen Sie das Ganze ohne Leckerchen in der Hand. Strecken Sie Ihre Hand aus und geben Sie dem Welpen das Kommando „Pfote". Pfötelt er nach Ihrer Hand, klicken Sie und geben ihm ein Leckerchen.

DAS KÖNNEN SIE ERWARTEN: Manche Rassen sind „pfotenscheuer" als andere, aber Welpen jeder Rasse können diesen Trick lernen. Pfote geben ist immer eine freundliche Geste. Üben Sie mehrmals täglich und beenden Sie die Übung immer dann, wenn es am schönsten ist. Innerhalb von zwei Wochen könnte Ihnen Ihr höflicher Welpe bereits die Pfote geben.

HILFE, ES KLAPPT NICHT

Anstatt nach meiner Hand zu pföteln, stupst er sie mit der Nase an

Ignorieren Sie das Anstupsen: belohnen Sie es nicht, bestrafen Sie es aber auch nicht. Sie können auch die Hand zur Seite nehmen, wenn der Welpe sie anstupst, damit seine Handlungsabsicht unterbrochen wird. Belohnen Sie jede Berührung mit der Pfote, egal ob der Welpe Sie dabei auch an der Hand anstupst.

TIPP Die meisten Hunde haben eine dominante Pfote – arbeiten Sie mit der vom Welpen bevorzugten Pfote.

„Das mag ich: Fressen, Würstchen, Eiswürfel, Jagd auf alles Mögliche machen, Beißen, Graben, Springen."

Positionen

PFOTE GEBEN

1. Verstecken Sie ein Leckerchen in Ihrer Faust, die sich dicht über dem Boden befindet und fordern Sie Ihren Welpen auf mit dem Kommando „Nimm's! Pfote!"

2. Sobald der Welpe die Pfote vom Boden nimmt, klicken Sie.

Öffnen Sie die Faust und lassen Sie ihn das Leckerchen fressen.

3. Halten Sie die Hand höher und lassen Sie den Welpen auch seine Pfote höher heben. Klicken Sie, wenn er die Pfote höher hält.

④ Strecken Sie Ihre leere Hand aus und geben Sie Ihrem Welpen das Kommando „Pfote". Klicken Sie, wenn er nach Ihrer Hand pfötelt.

Nehmen Sie sofort ein Leckerchen aus Ihrer Leckerchentasche und belohnen Sie ihn damit.

„Ich vergess' immer, was rechts und links ist."

mittel

Gib Laut

Hörzeichen
Gib Laut
Sichtzeichen

„Ich belle für mein Leben gern! Wau, wau, wau, wau, wau!"

Bringen Sie Ihrem Welpen bei, auf Kommando Laut zu geben. Wenn Sie ihm ein Kommando für das Bellen beibringen, können Sie ihm auch ein Kommando für „sei still" beibringen, wenn Sie nicht wollen, dass er bellt.

SCHRITT FÜR SCHRITT

1. Damit Ihr Welpe diesen Trick lernt, müssen Sie herausfinden, was ihn zum Bellen veranlasst und ihn dann dafür belohnen. Hunde bellen häufig aus Frustration. Necken Sie ihn mit einem Leckerchen: „Willst Du das? Dann gib Laut!" Bellt Ihr Welpe, sagen Sie „schön Laut!" und geben ihm schnell ein Leckerchen.
2. Funktioniert das nicht, müssen Sie einen anderen Reiz herausfinden, der Ihren Welpen zum Bellen veranlasst. Häufig erfüllt ein Klopfgeräusch den Zweck. Geben Sie das Kommando „gib Laut" und klopfen Sie auf einen Gegenstand.
3. Bellt Ihr Welpe, belohnen Sie ihn sofort und verstärken Sie das Kommando mit „schön Laut". Wiederholen Sie das Ganze etwa sechs Mal.
4. Geben Sie wieder das Kommando, aber diesmal ohne Klopfen. Unter Umständen müssen Sie das Kommando mehrmals geben, bis der Welpe Laut gibt. Bellt Ihr Welpe gar nicht, gehen Sie einen Übungsschritt zurück.

DAS KÖNNEN SIE ERWARTEN: Mit einem ausreichend starken Reiz, der Ihren Welpen zum Bellen bringt, kann der Welpe diesen Trick innerhalb einer Übungseinheit lernen.

HILFE, ES KLAPPT NICHT

Ich finde keinen Reiz, der meinen Welpen zum Bellen veranlasst
Versuchen Sie es damit: Ihre Türklingel, Metallschlüssel, die leicht gegen das Fenster schlagen oder aber Sie bellen selbst …

TIPP Belohnen Sie Ihren Welpen immer nur, wenn er auf Ihr Kommando hin bellt. Sonst wird er jedes Mal bellen, wenn er etwas möchte!

1. Necken Sie Ihren Welpen mit „Willst du das? Dann gib Laut!"

2. Geben Sie das Kommando „gib Laut" und klopfen Sie auf einen Gegenstand, um den Welpen zum Bellen zu bringen.

3. Belohnen Sie Ihren Welpen sofort.

4. Geben Sie das Kommando ohne das Klopfen.

mittel

Heulen

Hörzeichen
[Geheul]

Zu heulen ist ein instinktives Verhalten, wodurch Wölfe ihre Zugehörigkeit zum Rudel festigen. Selbst acht Wochen alte Welpen heulen, wenn Sie den richtigen Reiz erhalten. Wenn Sie den richtigen Ton treffen, lernt Ihr Welpe, mit Ihnen zusammen zu heulen.

„Einige meiner Lieblingsleckerchen sind Käse, Käsebällchen und Nudeln."

SCHRITT FÜR SCHRITT

1. Welpen heulen instinktiv bei Tönen, die sie als Geheul anderer Artgenossen interpretieren. Meist sind dies laute, hohe Töne wie Sirenen, Klarinetten und Flöten. Wir verwenden hier eine Mundharmonika, um ein Geheul zu imitieren, das erstens nicht teuer ist und Ihnen zweitens keinerlei musikalische Fertigkeiten abverlangt.

2. Spielen Sie die höheren Töne auf der Mundharmonika und halten Sie jeden Ton ein paar Sekunden lang, bevor Sie zu einem anderen Ton übergehen. Zuerst wird Ihr Welpe vielleicht aufgeregt: er springt Sie an, zwickt Sie, pfötelt Sie oder bellt Sie an. Das ist eine neue Erfahrung für ihn und er muss erst überlegen, wie er darauf reagieren soll. Innerhalb weniger Minuten wird er vermutlich ein bisschen heulen oder winseln.

3. Sobald Ihr Welpe zusammen mit der Mundharmonika heult, versuchen Sie, nur mit Ihrer Stimme sein Geheul auszulösen. Bilden Sie mit Ihren Lippen ein Oval und heulen Sie „ouuuww". Lassen Sie das Geheul ein paar Sekunden lang anschwellen, dann abschwellen und schließlich ausklingen.

DAS KÖNNEN SIE ERWARTEN: Nordische Rassen und einige Jagdhundrassen heulen am leichtesten, aber Welpen vieler Rassen besitzen diesen Instinkt

HILFE, ES KLAPPT NICHT

Kann ich den Schritt mit der Mundharmonika auslassen und gleich meine Stimme benutzen?

Das hängt von Ihrem Welpen ab. In der Regel ist es viel leichter, mit einer Mundharmonika ein Geheul auszulösen als nur mit der Stimme.

TIPP Gemeinsames Geheul fördert die Bindung zwischen Ihnen und Ihrem Welpen. Ihr Welpe wird es ungemein genießen.

„Ich hab' nicht mitgeheult."

2. Ihr Welpe kann unterschiedlich auf Ihre Mundharmonika reagieren.

3. Ahmen Sie mit der Stimme ein Geheul nach und bald wird Ihr Welpe mit Ihnen mitheulen.

Positionen

Kapitel 3:
Koordination

„Ich hab' gern etwas im Maul. Manchmal kau' ich darauf herum und manchmal fress' ich's auch auf."

Kraft, Selbstvertrauen und Körperbewusstsein entwickeln sich erst mit der Zeit bei Ihrem Welpen. Dabei können Sie ihn durch Einüben der Tricks in diesem Kapitel unterstützen. Für Ihren jungen Hund ist es eine große Herausforderung, durch einen unheimlichen Tunnel zu laufen, auf einer wackeligen Wippe das Gleichgewicht zu halten und einen Frisbee im Flug zu fangen. Ihr Vierbeiner braucht jetzt viel Zuspruch von Ihnen – lassen Sie ihn jedes Hindernis in seinem eigenen Tempo erkunden. Die Bindung, die sich während Ihrer gemeinsamen Arbeit auf ein gemeinsames Ziel hin entwickelt, ist die ganze Mühe wert!

Manche der Tricks in diesem Kapitel enthalten Sprungübungen. Das empfindliche Skelett von Welpen kann durch zu viel Springen oder Verdrehen ernsthaften Schaden nehmen. Je nach Rasse und Alter können junge Hunde zu unterschiedlich Zeitpunkten körperlich etwas stärker belastet werden. Daher ist es ratsam, den Tierarzt aufzusuchen, bevor Sie mit den Sprungübungen beginnen bzw. mit diesen Übungen zu warten, bis das Wachstum Ihres Hundes abgeschlossen ist – das kann auch erst mit 1,5 oder 2 Jahren der Fall sein.

Achten Sie darauf, dass der Untergrund genügend Haftung aufweist – Sie wollen sicher nicht, dass Ihr Welpe ausrutscht und sich verletzt. Üben Sie insbesondere Sprünge nicht auf hartem Untergrund, das belastet die Gelenke Ihres Hundes zu stark!

leicht

Tunnel

Hörzeichen
Tunnel

„Manchmal schnapp' ich mir einen Schuh – dann verfolgt mich mein Herrchen. Das ist immer eine Mordsgaudi!"

Ihr Welpe läuft durch einen geraden oder gekrümmten Tunnel. Der Tunnel ist eines von mehreren Hindernissen, die beim Agility im Hundesport eingesetzt werden. Das erste Mal kann für ihn etwas unheimlich sein, aber normalerweise haben die Welpen ihren Spaß daran, sobald sie sich einmal an den Tunnel gewöhnt haben!

SCHRITT FÜR SCHRITT

1. Lassen Sie Ihren Welpen ein kurzen, geraden Tunnel in vertrauter Umgebung erkunden. Setzen Sie den Welpen an einem Ende des Tunnels ab und nehmen Sie vom anderen Ende durch den Tunnel hindurch Blickkontakt mit ihm auf. Halten Sie ein Leckerchen in den Tunnel und fordern Sie ihn auf, zu Ihnen zu kommen, indem Sie den Hund rufen und das Kommando „Tunnel" geben. Lassen Sie ihn das Leckerchen fressen, sobald er aus dem Tunnel herauskommt.
2. Versuchen Sie es mit einem längeren Tunnel. Setzen Sie sich gleich neben den Tunneleingang und werfen Sie ein Leckerchen in den Tunnel.
3. Sobald der Hund im Tunnel drin ist, gehen Sie zum Tunnelausgang und sprechen Sie währenddessen die ganze Zeit zu ihm, damit er weiß, wo Sie gerade sind. Klatschen Sie in die Hände und rufen Sie Ihren Welpen vom Tunnelausgang, damit er vollends durch den Tunnel läuft.

DAS KÖNNEN SIE ERWARTEN: Die meisten Welpen laufen gerne durch einen Tunnel. Sobald Sie einmal wissen, wie's geht, sind sie ganz wild darauf! Selbstsichere Hundekinder sausen schon am ersten Tag durch den Tunnel, die scheue Fraktion braucht etwas länger dazu.

HILFE, ES KLAPPT NICHT

Mein Welpe macht eine Kehrtwendung im Tunnel, anstatt ganz durchzulaufen
Legen Sie auf der gesamten Tunnelstrecke mehrere Leckerchen hintereinander aus, um ihn voranzulocken.

Mein Welpe hat Angst, in den Tunnel hineinzugehen
Trösten Sie Ihren Welpen nicht, wenn er ängstlich ist. Laufen Sie tagsüber öfter am Tunnel vorbei, bis er sich in seiner Nähe wohlfühlt.

TIPP Legen Sie außen am Tunnel entlang Sandsäcke aus, damit er sich nicht bewegt, während Ihr Hund durchrennt.

1. Locken Sie Ihren Welpen mit einem Leckerchen durch einen kurzen Tunnel.

Geben Sie ihm das Leckerchen, sobald er aus dem Tunnel herauskommt.

2. Werfen Sie ein Leckerchen in einen längeren Tunnel.

3. Rufen Sie Ihren Hund, damit er weiß, wo Sie gerade sind. Belohnen Sie ihn, sobald er aus dem Tunnel herauskommt.

mittel

Wippe

Hörzeichen
Wippe

Die Wippe ist ein Hindernis im Agility-Hundesport. Schon sehr junge Hunde können sich darauf vorbereiten, indem sie lernen, auf einer Wippe das Gleichgewicht zu halten und sich an den Knall zu gewöhnen, mit dem die Wippe auf dem Boden aufkommt.

„Ich habe einen Mantel, den ich immer dann anziehe, wenn es kalt wird. Allerdings ist er meiner Meinung nach zu klein geraten."

SCHRITT FÜR SCHRITT

1. Halten Sie in einer Hand den Clicker und in der anderen ein Leckerchen. Fangen Sie ganz einfach an, indem Sie Ihren Welpen auf ein am Boden liegendes Brett locken. Klicken Sie, wenn er auch nur mit einer Pfote darauf tritt und geben Sie ihm dann das Leckerchen.
2. Legen Sie ein flaches Kantholz mit den Abmessungen 5 cm x 10 cm unter die Mitte des Bretts. Verwenden Sie kein rundes oder Dreikantholz, da das Brett sonst verrutscht, sobald Ihr Hund darauf tritt.
3. Geben Sie das Kommando „Wippe" und locken Sie Ihren Hund auf das eine Ende der Wippe und dann weiter voran auf der Wippe. Es macht nichts, wenn er nicht alle Pfoten auf die Wippe stellt.
4. Sobald er an die Mitte der Wippe kommt, wird durch sein Gewicht die Wippe kippen und mit einem Knall auf dem Boden aufkommen. Klicken Sie genau in dem Moment, in dem der Knall ertönt und lassen Sie ihn das Leckerchen aus Ihrer Hand fressen. Der Knall kann Ihren Welpen erschrecken, daher sollte er mit einem positiven Erlebnis (dem Leckerchen) verknüpft werden.
5. Ihr Hund lernt so, dass der Knall der Wippe das Signal für ein Leckerchen ist. Das stärkt sein Selbstvertrauen enorm. Der Übergang zur großen Wippe wird für ihn damit zum Kinderspiel.

DAS KÖNNEN SIE ERWARTEN: Arbeiten Sie bei diesem neuen und wackeligen Hindernis mit viel Lob und Ermunterung. Wenden Sie niemals Zwang an, da bereits bestehende Ängste dadurch noch verstärkt werden. Die meisten Welpen sind beim ersten Mal auf der Wippe etwas zögerlich, aber mit Lob und Leckerchen überwinden sie schnell ihre Furcht! Erzwingen Sie nichts – morgen ist auch noch ein Tag und Ihr Welpe hat dann womöglich seine Meinung über dieses Hindernis schon geändert.

HILFE, ES KLAPPT NICHT

Mein Welpe hat Angst
Ihr Welpe hat vielleicht Angst vor dem Wackeln oder dem Knall der Wippe. Umso mehr müssen Sie ihm helfen, seine Angst zu überwinden und das Hindernis zu bewältigen. Je mehr neue und positive Erfahrungen er in jungem Alter machen kann, umso gefestigter wird er als erwachsener Hund sein. Entscheidend dabei ist nur, ihn den gefürchteten Gegenstand von alleine erkunden zu lassen. Ermuntern Sie Ihren Welpen, aber zwingen Sie ihn niemals, einen Gegenstand, vor dem er Angst hat, zu erkunden, da er sonst womöglich noch ängstlicher wird.

TIPP Agility ist eine Hundesportart, bei der Hunde einen Parcours aus Hindernissen wie Wippe, Reifensprung, Tunnels, A-Wand etc. bewältigen.

„Ich habe jede Menge Spielzeug. Aber ich kann schon noch welches gebrauchen."

Koordination

WIPPE

1. Locken Sie Ihren Welpen auf ein Brett.

2. Legen Sie unter das Brett ein Kantholz.

3. Locken Sie Ihren Hund mit einem Leckerchen auf das Brett ... und dann weiter voran auf der Wippe.

4. Wenn die Wippe auf die andere Seite kippt und mit einem Knall auf dem Boden aufkommt, klicken Sie und geben Ihrem Hund ein Leckerchen.

5 Bald wird Ihr Hund auf den Knall der Wippe erpicht sein, da er weiß, dass der Knall ein Leckerchen bedeutet.

„Ich mach' gern Krach!"

leicht

Dreh dich

Hörzeichen
Dreh dich
Sichtzeichen

„Das sind meine Spielzeuge: Ente, Frisbee, Kong, Knochen, Snackball, Seil und Quietschi."

Junge Hunde lernen den Dreh-Trick recht schnell und führen ihn bei jeder Gelegenheit vor, sobald sie ihn beherrschen. Üben Sie den Trick nicht zu häufig, insbesondere für langrückige Hunde kann es dann belastend sein.

SCHRITT FÜR SCHRITT

1. Halten Sie ein Leckerchen in der rechten Hand und den Clicker in der linken. Stehen Sie Ihrem Junghund gegenüber und interessieren Sie ihn für das Leckerchen.
2. Geben Sie ihm das Kommando „Dreh' dich" und bewegen Sie Ihre rechte Hand mit dem Leckerchen nach rechts, sodass der Hund dem Leckerchen folgt.
3. Führen Sie Ihre Hand weiter nach vorne und beschreiben Sie einen weiten Kreis gegen den Uhrzeigersinn. Halten Sie Ihre Hand tief, auf Höhe des Hundes, und führen Sie die Bewegung langsam aus, damit er nicht den Anschluss verliert.
4. Sobald der Hund Ihrer Hand den ganzen Kreis nachgefolgt ist, klicken Sie und geben ihm das Leckerchen.
5. Versuchen Sie, mit zunehmendem Fortschritt mit dem Leckerchen engere und schnellere Kreise zu ziehen. Irgendwann müssen Sie nur noch eine schnelle Drehung mit dem Handgelenk machen als Zeichen für Ihren Hund, sich zu drehen. Diese Drehung des Handgelenks wird Ihr Sichtzeichen.
6. Sie können Ihrem Hund beibringen, sich auch in die andere Richtung zu drehen. Wenden Sie dabei dieselbe Methode an, nur mit geändertem Kommando „Andersrum", indem Sie mit Ihrer linken Hand einen Kreis im Uhrzeigersinn beschreiben.

DAS KÖNNEN SIE ERWARTEN: Üben Sie einige Male am Tag und Ihr Hund dürfte sich innerhalb nur einer Woche bereits im Kreis drehen

HILFE, ES KLAPPT NICHT

Mein Hund folgt nicht meiner Hand
Verwenden Sie auch ein wirklich leckeres Leckerchen? Versuchen Sie es mit „Menschenfutter" wie Würstchen, Hühnchen oder Käse.

Mein Hund dreht sich nur in die eine Richtung, aber nicht in die andere
Junge Hunde bevorzugen anfangs eine Richtung, sie können sich aber bald ebenso in beide Richtungen drehen.

Mein Hund macht nur eine halbe Drehung
Wenn Sie Ihre Hand zu früh zu weit nach vorne führen, hört der Hund auf, sich zu drehen. Halten Sie die Hand nah an Ihren Bauch und führen Sie sie zuerst seitwärts und dann erst nach vorne.

TIPP Verwenden Sie für eine Drehung gegen den Uhrzeigersinn das Kommando „Dreh' dich", für im Uhrzeigersinn das Kommando „Andersrum".

„Wohin gehst du? Was machst Du? Warum hast Du das getan? Was ist das? Was machst du jetzt?"

Koordination

DREH DICH

① Stellen Sie sich vor Ihren Hund und interessieren Sie ihn für Ihr Leckerchen.

② Führen Sie Ihre rechte Hand nach rechts ...

damit der Welpe ihr folgt.

③ Beschreiben Sie einen Kreis gegen den Uhrzeigersinn.

4 Klicken Sie am Ende des Kreises, klick … und geben Sie Ihrem jungen Hund das Leckerchen.

5 Ziehen Sie engere und schnellere Kreise, sodass für den Hund die Drehung Ihres Handgelenks das Signal zum Drehen wird.

6 Bringen Sie Ihrem Hund bei, sich in die andere Richtung zu drehen.

Koordination

fortgeschritten

Acht durch die Beine

Hörzeichen
Acht

„Das macht super viel Spaß!"

Während Sie gegrätscht dastehen, läuft Ihr Junghund Achter um Ihre Beine.

SCHRITT FÜR SCHRITT

1. Beginnen Sie damit, dass Sie in jeder Hand mehrere kleine Leckerchen halten. Stellen Sie sich breitbeinig hin, mit dem Hund zu Ihrer Linken. Machen Sie den Hund mit einem Leckerchen in Ihrer linken Hand auf sich aufmerksam.

2. Geben Sie das Kommando „Acht" und führen Sie das Leckerchen auf Nasenhöhe des Hundes nach vorne und dann zwischen Ihre Beine. Stellen Sie sich Ihr Leckerchen als unsichtbare Leine vor, an der Sie Ihren Hund von vorne nach hinten durch Ihre Beine „ziehen".

3. Wenn sich Ihre linke Hand zwischen den Beinen befindet, führen Sie die rechte Hand von hinten zu Ihrer linken Hand. Nehmen Sie die linke Hand weg und locken Sie Ihren Hund mit der rechten Hand weiter.

4. Sobald Sie Ihren Junghund zwischen Ihren Beinen hindurch gelockt haben, führen Sie die rechte Hand wieder nach vorne und locken ihn auf Ihre rechte Seite. Wenn sich der Kopf Ihres Hundes neben Ihrem rechten Bein befindet, geben Sie ihm ein Leckerchen aus Ihrer rechten Hand. Achten Sie darauf, das Leckerchen zu geben, wenn der Hund genau in dieser Position ist, d.h. neben Ihrem Bein, da es von dieser Position aus für ihn am einfachsten ist, wieder nach vorne zu gehen.

5. Da Sie mit mehreren Leckerchen in jeder Hand begonnen haben, müssten Sie eigentlich noch ein Leckerchen in Ihrer rechten Hand haben, mit dem Sie Ihren Junghund nach vorne und dann wieder zwischen Ihre Beine locken können. Führen Sie beide Hände wieder zwischen den Beinen zusammen. Nehmen Sie die rechte Hand weg und locken Sie den Hund mit der linken Hand zwischen Ihren Beinen hindurch. Belohnen Sie ihn, wenn er sich neben Ihrem linken Bein befindet.

6. Mit zunehmendem Fortschritt können Sie Ihren Hund mit ausgestrecktem Zeigefinger und ohne Leckerchen um Ihre Beine locken. Bleiben Sie einfach stehen, neigen sich aber immer zur Seite, während er zwischen Ihren Beinen durchläuft. Wenn er vorhat, um Ihr rechtes Bein zu laufen, sollte Ihr rechtes Bein gebeugt sein und er sollte Ihre rechte Hand sehen, die ihn zwischen Ihren Beinen und auf Ihr rechtes Bein zuführt. Lassen Sie Ihren Hund mehrere Achter laufen, bevor Sie ihm ein Leckerchen geben, aber belohnen Sie ihn weiterhin nur, wenn er sich neben Ihrem Bein befindet. Belohnen Sie ihn, wenn er sich mal neben Ihrem linken und mal neben Ihrem rechten Bein befindet, damit Ihr Hund jede Seite gleich gut läuft.

7. Schließlich stellen Sie sich aufrecht hin, zeigen nur noch mit ausgestrecktem Zeigefinger neben sich und geben Ihrem Hund das Kommando „Acht".

DAS KÖNNEN SIE ERWARTEN: Ein junger Hund wird dem Leckerchen innerhalb weniger Tage zwischen Ihren Beinen hindurch folgen. Zwei oder drei Wochen später kann er schon leichtfüßig zwischen Ihren Beinen hindurchtraben.

HILFE, ES KLAPPT NICHT

Mein Hund will dem Leckerchen nicht so recht folgen

Es gibt Hunde, die entweder nicht besonders an einer Futterbelohnung interessiert sind oder aber so aufgedreht sind, dass Sie dem Leckerchen nicht konzentriert folgen. Bei diesen Junghunden kann man einen Kurzführer verwenden – eine kurze, 30 cm lange Leine – und sie auf diese Weise zwischen den Beinen hindurchführen.

TIPP Achten Sie darauf, dass Ihr Hund immer von vorne zwischen Ihren Beinen durchläuft. So können Sie ihn beim Herankommen beobachten.

„Krieg' ich einen Keks? Ich bin auch ganz, ganz brav. Ehrlich."

Koordination 81

ACHT DURCH DIE BEINE

① Beginnen Sie mit Ihrem Hund zur Linken.

② Locken Sie ihn nach vorne ...

und zwischen Ihre Beine.

③ Tauschen Sie die Hände und locken Sie Ihren Hund jetzt mit der rechten Hand weiter.

④ Geben Sie ihm das Leckerchen, wenn er sich neben Ihrem Bein befindet.

⑤ Locken Sie den Hund mit Ihrer rechten Hand weiter und führen Sie die linke Hand mit zur rechten.

Locken Sie den Hund jetzt mit der linken Hand.

Belohnen Sie ihn, wenn er sich neben Ihrem Bein befindet.

82   51 Tricks für junge Hunde

6 Arbeiten Sie mit ausgestrecktem Zeigefinger. Neigen Sie sich zur Seite, wenn Ihr Hund zwischen Ihren Beinen durchläuft.

Belohnen Sie ihn nach mehreren Achtern.

7 Geben Sie Ihrem Hund schließlich nur mit ausgestrecktem Zeigefinger und einer Beinverlagerung das Kommando.

„Ich leg' mich jetzt hin."

Koordination 83

🐾🐾🐾 mittel

Volleyball

Hörzeichen
Wirf

Werfen Sie Ihrem Hund einen leichten Ball oder einen Luftballon zu und bringen Sie ihm bei, dass er ihn mit seiner Nase wieder zu Ihnen zurückwirft. Mit diesem Trick fördern Sie die Entwicklung der motorischen Fähigkeiten und des Koordinationsvermögens Ihres jungen Hundes. Aber üben Sie nicht zu oft, sodass Ihr Junghund nicht zu viel nach dem Ball springen muss.

„Manchmal besuchen wir den Tierarzt. Der hat einen Schnurrbart wie ein Fell. Ab und zu darf ich sogar daran kauen."

SCHRITT FÜR SCHRITT

1. Der erste Schritt, Ihrem Hund Volleyball beizubringen, besteht darin, mit ihm zu üben, einen geworfenen Gegenstand aufzufangen. Verwenden Sie ein weiches Plüschspielzeug. Wecken Sie die Neugier des Hundes, indem Sie es herumwirbeln und quietschen lassen, wenn es ein Quietschteil hat.
2. Wenn sich Ihr Hund auf das Spielzeug konzentriert, sagen Sie „Fang!" und werfen es ihm in einem leichten Bogen zu. Klicken Sie in dem Moment, in dem er das Spielzeug auffängt und belohnen Sie den Hund dafür.
3. Sobald Ihr Hund gelernt hat, ein Spielzeug gut zu fangen, wechseln Sie zu einem leichten Ball oder einem Luftballon (ein regulärer Volleyball ist zu schwer für Ihren Hund). Stellen Sie sich vor Ihren Hund und geben das Kommando „Wirf", während Sie ihm den Ball in hohem Bogen zuwerfen, sodass er ziemlich gerade oberhalb der Nase Ihres Hundes herunterkommt. Auf Grund des großen Umfangs des Balls wird er ihn nicht auffangen können. Stattdessen prallt der Ball von seiner Nase ab und in einem ähnlich hohen Bogen wieder zu Ihnen zurück. Klasse, geschafft!

Das dürfen Sie erwarten: Das Einüben dieses Tricks ist oft leichter als es aussieht! Kann Ihr Hund erst einmal ein Spielzeug auffangen, kann er unter Umständen bereits bei der ersten Übung einen Spielzeug-Volleyball mit seiner Nase abprallen lassen!

HILFE, ES KLAPPT NICHT

Mein Hund hat Angst vor dem fallenden Ball
Werfen Sie den Ball nicht *auf* den Hund, sondern mehr in einem Bogen, sodass der Ball direkt vor ihm nach unten fällt. Sie können es auch mit einem Luftballon versuchen, da dieser langsamer herunterfällt.

TIPP Ein Luftballon hat den großen Nachteil, dass er platzen kann und Ihr Hund danach die Übung möglicherweise verweigert.

1. Interessieren Sie Ihren Hund für ein Plüschspielzeug.

2. Werfen Sie Ihrem Hund das Spielzeug zu und klicken Sie, wenn er es auffängt.

Belohnen Sie den Hund mit einem Leckerchen.

3. Werfen Sie einen leichten Ball in hohem Bogen und geben Sie das Kommando „Wirf".

Wenn Ihr Hund den Ball fangen will, wird er von seiner Nase abprallen.

Super! Geschafft!

Koordination

leicht

Spring über mein Bein

Hörzeichen
Hopp

Während Sie auf dem Boden knien, hüpft Ihr Junghund über Ihr ausgestrecktes Bein. Ihr Hund kann lernen, im Kreis um Sie herumzulaufen und dabei jedes Mal über Ihr Bein zu springen. Lassen Sie das Bein dabei flach auf dem Boden, sodass Ihr Hund nicht hoch springen muss.

„Manchmal springe ich morgens auf das Bett von Frauchen, aber das findet sie nicht gut."

SCHRITT FÜR SCHRITT

1. Knien Sie auf dem Boden, das rechte Bein ausgestreckt. Wenn Sie die Zehen gegen eine Wand abstützen, kann der Hund Ihr Bein nicht umgehen. Halten Sie in der linken Hand Ihren Clicker, in der rechten ein Leckerchen. Beginnen Sie mit Ihrem Hund auf der linken Seite und locken Sie ihn mit einem Leckerchen über Ihr Bein. Ein begeistertes „Hopp!" wird ihn dazu animieren! Zögert Ihr Hund, locken Sie ihn langsam heran, sodass er zunächst seine Vorderpfoten auf Ihren Oberschenkel stellt. Lassen Sie ihn in dieser Position an dem Leckerchen knabbern und halten Sie dann das Leckerchen weiter weg. Ihr Hund will vielleicht eher über Ihren Knöchel springen, da dies die niedrigste Stelle ist. Daher müssen Sie Ihr Leckerchen nah am Körper halten, damit er auch in diese Richtung kommt. Sobald er über Ihr Bein springt, klicken Sie und geben Sie dem Hund dann das Leckerchen.

2. Beginnen Sie mit dem Hund auf der linken Seite. Tauschen Sie die Hände – nehmen Sie den Clicker in die rechte Hand und das Leckerchen in die linke. Benutzen Sie den Clicker als Lockmittel, um die Aufmerksamkeit des Hundes über Ihr Bein hinaus zu lenken. Klicken Sie, wenn er über Ihr Bein springt oder läuft.

3. Lenken Sie mit Ihrer rechten Hand die Aufmerksamkeit Ihres Hundes in Richtung Ihres Rückens. Führen Sie hinter Ihrem Rücken die linke und die rechte Hand zusammen. Wackeln Sie mit dem Leckerchen in Ihrer linken Hand, damit sich Ihr Hund darauf anstatt auf den Clicker konzentriert und nehmen Sie die Hand mit dem Clicker weg. Führen Sie Ihren Hund mithilfe des Leckerchens um Ihren Rücken herum auf die linke Seite.

4. Sobald Ihr Hund einmal ganz um Sie herum auf die linke Seite gelaufen ist, geben Sie ihm das Leckerchen. Bei diesem Trick wird das Leckerchen immer auf der linken Seite gegeben, damit der Hund den Sprung über Ihr Bein und den Kreis zügig absolviert.

5. Nachdem Sie dem Hund das Leckerchen gegeben haben, konzentrieren Sie ihn sofort wieder auf den Clicker in Ihrer rechten Hand und führen ihn nochmals über Ihr Bein, als Wiederholung der ganzen Übung.

6. Hat Ihr Hund die Übung einmal begriffen, legen Sie den Clicker weg und arbeiten Sie stattdessen mit ausgestrecktem Zeigefinger und einer ausholenden Bewegung Ihres rechten Arms, um ihm zu signalisieren, dass er über Ihr Bein springen soll. Belohnen Sie den Hund wie immer auf der linken Seite.

DAS KÖNNEN SIE ERWARTEN: Normalerweise ist das ein Trick, der jungen Hunden Spaß macht und den sie gerne machen. Üben Sie ihn, wenn Ihr Hund ausgeschlafen ist, dann dürfte er innerhalb einer Woche den Dreh raus haben!

HILFE, ES KLAPPT NICHT

Ich bin körperlich nicht in der Lage, mich in dieser Position hinzuknien

Versuchen Sie es anders: Setzen Sie sich auf einen Stuhl gegenüber einer Wand. Strecken Sie beide Beine aus, die Zehen auf dem Boden und unten an die Wand stoßend. Beugen Sie sich auf dem Stuhl nach vorne und locken Sie Ihren Hund über Ihre Beine. Anstatt dass Ihr Hund Sie umkreist, halten Sie in beiden Händen Leckerchen und lassen ihn über Ihre Beine hin- und herspringen.

TIPP Achten Sie darauf, dass Ihr Junghund nicht hoch springt – Knochen und Gelenke können Schaden nehmen.

„Einmal hab' ich eine dicke Kröte gefunden. Die hat einen Satz gemacht und ich war zuerst ganz erschrocken, aber dann hab' ich keine Angst mehr gehabt."

Koordination

SPRING ÜBER MEIN BEIN

① Stellen Sie Ihren rechten Fuß gegen die Wand. Locken Sie Ihren Hund mit einem Leckerchen über Ihr Bein. Klicken Sie, sobald der Welpe über Ihr Bein steigt.

② Nehmen Sie nun den Clicker in die rechte Hand und ein Leckerchen in die linke. Führen Sie Ihren Junghund mit der Clicker-Hand.

Klicken Sie, wenn Ihr Hund über Ihr Bein steigt.

③ Führen Sie beide Hände hinter Ihrem Rücken zusammen. Lenken Sie seine Aufmerksamkeit wieder auf das Leckerli in Ihrer linken Hand.

Locken Sie ihn mit dem Leckerchen in Ihrer linken Hand weiter um Ihren Körper herum.

4 Sobald Ihr Hund auf Ihrer linken Seite angekommen ist, geben Sie ihm das Leckerchen.

5 Lenken Sie seine Aufmerksamkeit wieder auf den Clicker in Ihrer rechten Hand und wiederholen Sie das Ganze.

6 Benutzen Sie jetzt den ausgestreckten Zeigefinger.

Geben Sie Ihrem Hund mit einer ausholenden Bewegung Ihres rechten Arms das Zeichen zum Springen.

Belohnen Sie Ihren Junghund immer, wenn er bis auf die linke Seite um Sie herumläuft.

„Hör' mal zu – gefällt Dir mein Lied? Ich spiel' Dir noch was vor!"

🐾🐾 mittel

Reifensprung

Hörzeichen
Hopp

„Ich kann das auch, darf aber noch nicht so hoch springen wie die erwachsenen Hunde!"

Bringen Sie Ihrem Hund bei, durch einen Reifen zu springen! Dieser eindrucksvolle Trick macht Ihrem jungen Hund großen Spaß und bereitet ihn gleichzeitig auf den Sprung durch einen Reifen vor, der im Agility verwendet wird. Auch hier gilt: Halten Sie den Reifen dicht über den Boden, damit Ihr Hund keinen großen Satz machen muss.

SCHRITT FÜR SCHRITT

1. Lassen Sie Ihrem Junghund Zeit, den Reifen zu erkunden und seine Angst davor zu überwinden. Junge Hunde können sich davor fürchten, das erste Mal durch den Reifen zu springen. Daher ist es wichtig, dass Sie Ihrem Hund die Entscheidung überlassen, wann er das erste Mal durchspringt – zwingen Sie ihn nicht.

2. Halten Sie den Reifen in einen Türdurchgang in Bodenhöhe. Dabei steht der Hund auf der einen Seite des Durchgangs und Sie auf der anderen. Halten Sie mit der Ihrem Hund zugewandten Hand sowohl den Reifen als auch den Clicker. Halten Sie in der anderen Hand ein Leckerchen und locken Sie damit Ihren Hund durch den Reifen. Klicken Sie in dem Moment, in dem er durch den Reifen geht und geben Sie ihm auf der anderen Seite das Leckerchen.

3. Versuchen Sie das Ganze jetzt in einem offenen Raum. Halten Sie den Reifen mit der dem Hund zugewandten Hand am Boden fest, sagen „Hopp!" und locken ihn mit einem Leckerchen in der anderen Hand durch den Reifen. Klicken Sie, wenn er durch den Reifen durchgeht und lassen Sie ihn das Leckerchen auf der anderen Seite fressen.

4. Sobald Ihr Hund begriffen hat, worum es geht, heben Sie den Reifen etwas vom Boden an. Je nach Alter des Hundes sollte er nie höher springen als seine Knöchelhöhe beträgt (genauere Angaben hierzu erhalten Sie von Ihrem Tierarzt). Manchmal verheddern sich junge Hunde im Reifen – lassen Sie also den Reifen los, sobald Sie Widerstand spüren. Bringen Sie den Hund mit der ihm zugewandten Hand und mit Schwung dazu, ein klein wenig höher zu springen.

DAS KÖNNEN SIE ERWARTEN: Junghunde haben den Dreh, durch den Reifen zu springen, meist in einer oder zwei Wochen raus und springen mit Begeisterung hindurch.

HILFE, ES KLAPPT NICHT

Der Reifen fiel auf meinen Hund und jetzt er Angst vor ihm!
Ihre Ängste übertragen sich auf Ihren jungen Hund. Trösten Sie ihn jetzt nicht. Tun Sie so, als ob nichts geschehen wäre und üben Sie einfach weiter.

TIPP Indem Sie Ihren Welpen frühzeitig mit unterschiedlichen Hindernissen konfrontieren, stärken Sie seine Selbstsicherheit.

„Heut' war ich richtig gut!"

Koordination

REIFENSPRUNG

1. Anfangs können Junghunde vor dem Reifen Angst haben …

Lassen Sie Ihrem Hund Zeit, den Reifen zu erkunden und seine Angst zu überwinden.

2. Halten Sie mit der dem Hund zugewandten Hand sowohl den Reifen als auch den Clicker.

Locken Sie den Hund mit der anderen Hand durch den Reifen. Sobald er durch den Reifen durchgeht, klicken Sie.

3   Stellen Sie den Reifen auf den Boden ...

und locken Sie Ihren Hund hindurch.

Klicken Sie, sobald der Hund durch den Reifen durchgeht ...

und geben Sie ihm dann das Leckerchen.

4   Heben Sie den Reifen etwas vom Boden an.

„Beim Spielen hab' ich meinen Ball verloren und jetzt find' ich ihn nicht mehr!"

Koordination   93

mittel

Versteckspielen im Karton

Hörzeichen
Versteck' dich

Bei diesem hinreißenden Trick lernt Ihr Junghund, in einen niedrigen Karton zu klettern, um sich darin zu „verstecken".

„Im Park hab' ich einen Welpen verfolgt, aber der hat dann mich verfolgt. Da bin ich davongerannt."

SCHRITT FÜR SCHRITT

1. Zeigen Sie Ihrem Junghund ein Leckerchen und werfen Sie es in einen Karton. Kippen Sie den Karton ein bisschen, sodass der Hund hinein- und an das Leckerchen kommen kann.

2. Werfen Sie noch ein Leckerchen hinein. Kippen Sie den Karton, sodass Ihr Hund das Leckerchen sehen kann, stellen ihn dann aber wieder flach hin. Lassen Sie Ihrem Junghund Zeit, auszuprobieren und zu entscheiden, was er tun soll. Verliert er das Interesse, kippen Sie den Karton wieder und zeigen ihm das Leckerchen. Ein selbstsicherer Hund wird irgendwann seine Vorderpfoten in den Karton setzen, um an das Leckerchen zu kommen. Klicken Sie, wenn er dies macht und lassen Sie ihn das Leckerchen fressen.

3. Anstatt das Leckerchen in den Karton zu werfen, sagen Sie dieses Mal „Versteck' dich!" und versuchen, den Hund mit dem Leckerchen in Ihrer Hand dazu zu bringen, in den Karton zu steigen. Dabei stehen Sie Ihrem Hund gegenüber, der Karton befindet sich zwischen Ihnen beiden. Wecken Sie seine Neugier, indem Sie ihm das Leckerchen vor seiner Nase zeigen. Nehmen Sie das Leckerchen weg und führen es mit der Hand über den Karton. Sobald der Hund mit seinen Vorderpfoten in den Karton steigt, klicken Sie und geben ihm das Leckerchen.

4. Locken Sie den Hund weiter in den Karton hinein, indem Sie noch ein Leckerchen auslegen, gerade außerhalb seiner Reichweite. Wenn er alle vier Pfoten im Karton untergebracht hat, klicken Sie und geben ihm das Leckerchen.

DAS KÖNNEN SIE ERWARTEN: Der Erfolg Ihres jungen Hundes bei diesem Trick hängt größtenteils vom Karton ab. Für den Anfang nimmt man am besten einen großen, flachen Karton, später kann man dann auf kleinere und etwas höhere Kartons umsteigen.

HILFE, ES KLAPPT NICHT

Ich kann meinen Hund nicht dazu bringen, in den Karton zu steigen. Kann ich ihn aufnehmen und dort reinsetzen?

Junge Hunde entwickeln ein wesentlich höheres Selbstvertrauen, wenn sie etwas von sich aus erkunden dürfen anstatt zu etwas gezwungen zu werden. Es mag anfangs länger dauern, dem Hund auf diese Weise etwas beizubringen, aber wenn Sie ihn zum Einsteigen in den Karton ermuntern – anstatt ihn dazu zu zwingen – bekommt er eine wesentlich größere Selbstsicherheit.

TIPP Bringen Sie Ihren jungen Hund mit allen möglichen Dingen in Berührung: Kartons, Wippen, rutschigem Untergrund, Wasser. Diese frühzeitigen Erfahrungen verschaffen ihm mehr Selbstsicherheit.

„Ich geh' gern in meinen Karton! Und ich kletter' genauso gern wieder raus!"

Koordination

VERSTECKSPIELEN IM KARTON

① Kippen Sie den Karton, damit Ihr Hund an das Leckerchen kommt.

② Lassen Sie Ihren Junghund selbst herausfinden, wie er seine Vorderpfoten in den Karton bekommt. Klicken Sie, wenn er es schafft.

③ Locken Sie ihn in den Karton, indem Sie ein Leckerchen von seiner Nase zur Kartonmitte führen.

Sobald er seine Pfoten in den Karton setzt, klicken Sie und geben Ihrem Hund das Leckerchen.

4 Locken Sie ihn mit dem nächsten Leckerchen weiter hinein in den Karton.

Halten Sie ihm das Leckerchen gerade außerhalb seiner Reichweite hin.

Sobald der Hund alle vier Pfoten im Karton hat, klicken Sie und geben ihm das Leckerchen.

„Erst hab' ich's gejagt, dann hab' ich's gefangen und zum Schluss hab' ich's geschluckt!"

Koordination

mittel

Pfoten abstreifen

Hörzeichen
Graben
Sichtzeichen

„Ich kann so richtig große Löcher graben!"

Ihr höflicher Junghund kann lernen, auf dem Türvorleger seine Vorderpfoten abzustreifen. Nie mehr schlammige Pfotenabdrücke auf Ihrem Fußboden!

SCHRITT FÜR SCHRITT

1. Lassen Sie Ihren Hund dabei zusehen, wie Sie ein Leckerchen unter eine Ecke der Fußmatte legen.
2. Fordern Sie ihn auf, sich das Leckerchen zu holen, indem Sie das Kommando „Graben! Hol's! Hol's!" geben und auf die Fußmatte klopfen. Verliert er das Interesse, heben Sie schnell die Ecke der Fußmatte an, um ihm nochmals das Leckerchen zu zeigen. Versucht Ihr Hund, mit der Nase unter der Fußmatte zu stöbern, halten Sie mit der Hand die Fußmatte am Boden. Wahrscheinlich wird Ihr junger Hund innerhalb der nächsten Minute an der Fußmatte scharren – seien Sie bereit! Genau in diesem Augenblick, auch wenn der Hund nur ein einziges Mal daran scharrt, klicken Sie.
3. Heben Sie sofort nach dem Klicken die Ecke der Fußmatte an und geben dem Hund das Leckerchen.
4. Mit zunehmendem Fortschritt warten Sie ab, bis der Hund zwei oder drei Mal an der Fußmatte scharrt, bevor Sie klicken und die Fußmatte anheben.

DAS KÖNNEN SIE ERWARTEN: Bereits beim ersten Mal können junge Hunde bei diesem Trick Erfolg haben. Später wird Ihr Hund diesen Trick auf Kommando vorführen und Sie müssen das Leckerchen nicht mehr verstecken. Stattdessen werfen Sie nach ein paar Mal Scharren das Leckerchen oben auf den Türvorleger, damit sich Ihr Hund weiterhin über seinen Fund freuen kann.

HILFE, ES KLAPPT NICHT

Mein Welpe scharrt nicht am Türvorleger

Versuchen Sie es mit einer anderen Strategie: Nehmen Sie den Lieblingsball oder das Lieblingsspielzeug Ihres Hundes und verstecken Sie es im Sand oder in lockerer Erde. Sobald Ihr Hund danach scharrt, klicken Sie und belohnen ihn. Hat Ihr junger Hund dieses Kommando einmal begriffen, können Sie das Verhalten auf den Türvorleger übertragen.

TIPP Verwenden Sie beim Einüben dieses Tricks harte Leckerchen, da weiche Leckerchen dabei zermatschen können!

1. Legen Sie ein Leckerchen unter den Türvorleger.

2. Klicken Sie, wenn Ihr Hund auch nur ein einziges Mal daran scharrt.

3. Heben Sie die Matte an, damit Ihr Hund das Leckerchen bekommt.

4. Warten Sie, bis Ihr Hund zwei oder drei Mal scharrt, bevor Sie klicken.

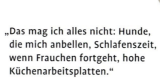

„Das mag ich alles nicht: Hunde, die mich anbellen, Schlafenszeit, wenn Frauchen fortgeht, hohe Küchenarbeitsplatten."

Koordination

🐾🐾🐾 fortgeschritten

Frisbee

Hörzeichen
Frisbee

„Einmal hab' ich einen Vogel gefangen, der direkt vom Himmel fiel! Also eigentlich war das ja eine Frisbee-Scheibe – es hätte aber auch ein Vogel sein können!"

Wenn Ihr Hund lernt, einen Frisbee im Flug zu fangen, fördert dies seine Koordination und ist außerdem etwas, womit Sie ihn sein Leben lang wunderbar beschäftigen und trainieren können. Erwarten Sie aber keine hohen Sprünge von Ihrem jungen Hund!

SCHRITT FÜR SCHRITT

1. Wurfscheiben aus hartem Kunststoff können Ihren Hund an Maul und Gebiss verletzen. Verwenden Sie spezielle Wurfscheiben für Hunde aus weichem Kunststoff, biegsamem Gummi oder aus Segeltuch. Machen Sie Ihren Hund mit diesem Spielzeug vertraut, indem Sie es spielerisch werfen, damit Weglaufen und Tauziehen spielen.

2. Wecken Sie die Neugier Ihres Hundes, indem Sie den Frisbee auf der Oberseite um seine eigene Achse rotieren.

3. Zeigt sich Ihr Hund interessiert, werfen Sie einen „Roller" – rollen Sie den Frisbee auf seinem Rand. Fordern Sie Ihren Hund mit Begeisterung auf „Hol's! Hol's!" und loben Sie ihn überschwänglich, wenn er ihn tatsächlich holt.

4. Bringen Sie Ihrem Hund bei, den Frisbee in der Luft zu fangen, indem Sie die Wurfscheibe in einer tiefen flachen Wurfbahn werfen. Zielen Sie mit dem Frisbee nicht direkt auf Ihren Hund – Sie wollen ihn ja nicht damit treffen.

DAS KÖNNEN SIE ERWARTEN: Es kann Monate dauern, bis sich die Koordination Ihres Hundes so weit eingespielt hat, bis er einen Fang in der Luft beherrscht. Ihr Junghund soll Spaß am Frisbee haben, halten Sie daher die Übungseinheiten kurz. Hunde unter 14 Monaten sollten noch nicht Frisbee spielen. Frisbee ist nicht geeignet für schwere Hunde bzw. Hunde mit kurzen Beinen und langem Rücken. Alle Hunde sollten generell vorher von einem Tierarzt untersucht werden.

HILFE, ES KLAPPT NICHT

Mein Hund interessiert sich nicht für den Frisbee

Steigern Sie die Attraktivität dieses Spielzeugs, indem Sie es auf die Oberseite umdrehen und als Futternapf für Ihren Hund benutzen. Er wird dann den Anblick und Geruch des Frisbees mit seinem Futter verknüpfen.

TIPP Speziell für Hunde entwickelte Kunststoff-Frisbees sind so weich, dass man sie leicht mit dem Fingernagel einritzen kann.

1. Machen Sie den Frisbee zu einem Spielzeug, an dem Ihr Hund Spaß hat.

2. Rotieren Sie den Frisbee um die eigene Achse.

3. Rollen Sie den Frisbee auf seinem Rand.

4. Werfen Sie den Frisbee in die Luft, damit Ihr Hund ihn fängt.

Kapitel 4: Kommunikation

„Beachte mich; beachte mich; beachte mich!"

Verstehen, was Ihr junger Hund Ihnen mitteilt, ist genauso wichtig, wie sich ihm verständlich machen zu können. Zeigen Sie ihm, dass er sich auf Sie verlassen kann, Sie sich um ihn kümmern und auf seine Bedürfnisse eingehen.

Die Tricks in diesem Kapitel tragen zur besseren Verständigung zwischen Mensch und Hund bei. Durch manche lernt Ihr Junghund, wie er auf angemessene Weise seine Wünsche ausdrückt, etwa die Glocke am Türknauf zu läuten, wenn er raus muss oder die Leine zu holen, wenn er spazierengehen möchte.

Bei wieder anderen Tricks in diesem Kapitel lernt Ihr Hund, ein Spiel mit Ihnen zu spielen, wie „In welcher Hand ist das Leckerchen?" Und dann gibt es noch die Tricks, mit denen er erste Benimmregeln lernt, beispielsweise „Sitz vor dem Fressen."

Achten Sie bei Ihrem Welpen auf regelmäßige Körperpflege.

leicht

Glocke läuten zum Rausgehen

Hörzeichen
Glocke

Ihr Hund läutet eine Glocke an der Haustür, wenn er mal muss. Diesen Trick kann man allen Welpen beibringen, die gerade stubenrein werden.

„Ich muss jetzt mal."

SCHRITT FÜR SCHRITT

1. Hängen Sie eine Glocke bodennah am Türknauf auf. Bestreichen Sie die Innenseite der Glocke etwas mit Streichwurst und fordern Sie Ihren Hund auf, die Glocke zu erkunden, indem Sie sie hin und her bewegen und „Glocke, hol's!" sagen. Sobald Ihr Hund die Glocke zum Läuten bringt, klicken Sie und geben ihm ein Leckerchen aus der Hand.

2. Sie müssen die Glocke nicht nochmals mit Streichwurst bestreichen, es haften mit Sicherheit noch einige Reste an ihr. Zeigen Sie wieder auf die Glocke; klicken Sie erneut und geben Sie dem Hund wieder ein Leckerchen, wenn er die Glocke läutet. Wiederholen Sie das Ganze mehrmals. Zeigt sich Ihr Hund verwirrt, arbeiten Sie wieder mit der Streichwurst.

3. Holen Sie die Leine Ihres Hundes und versetzen Sie ihn in Stimmung für einen Spaziergang. Halten Sie an der Tür mit der Glocke an und fordern Sie ihn zum Läuten auf. Es kann eine Weile dauern, aber sobald er die Glocke berührt, öffnen Sie sofort die Tür und gehen mit ihm nach draußen. Bei diesem Trick ist die Belohnung das Nachdraußen-Gehen an Stelle des Leckerchens. Stellen Sie diese Verknüpfung gleich von Anfang an her.

DAS KÖNNEN SIE ERWARTEN: Je besser Sie anfänglich auf die Glocke reagieren, umso schneller wird Ihr junger Hund den Trick lernen. Die meisten Hunde läuten meist innerhalb einer Woche die Glocke ganz alleine.

HILFE, ES KLAPPT NICHT

Wenn ich klicke, sobald mein Hund die Streichwurst ableckt, nimmt er das Leckerchen nicht aus meiner Hand, sondern leckt weiter an der Butter

Wichtig dabei ist, dass Sie das Leckerchen *anbieten*. Es ist nicht entscheidend, dass Ihr Hund es auch nimmt. Sie können es aber auch mit einem richtig schmackhaften Leckerchen wie Hühnchen oder Käse versuchen.

TIPP Verwenden Sie eine große Glocke – keine kleinen Glöckchen, die ein Hund leicht verschlucken kann.

1. Bestreichen Sie die Glocke mit Streichwurst. Belohnen Sie Ihren Hund, wenn er sie läutet.

3. Zeichen, dass er raus will: Vor dem Spaziergang die Glocke läuten.

„Ich mach' gern Krach!"

Kommunikation

fortgeschritten

Hol die Leine

Hörzeichen
Hol die Leine

„Manchmal fürchte ich mich vor dem gemeinen Hund dort unten an der Straße. Dann verstecke ich mich hinter den Beinen von Frauchen."

Bringen Sie Ihrem Junghund bei, seine Leine zu holen, wenn es Zeit für den Spaziergang ist.

SCHRITT FÜR SCHRITT

1. Zunächst sollte Ihr Hund das **Bring** (Seite 134) beherrschen. Machen Sie ihn mit dem Wort „Leine" vertraut, indem Sie es jedes Mal verwenden, wenn Sie ihn anleinen. Schnüren Sie seine Leine mit einem Gummiband zusammen und werfen Sie das Bündel spielerisch. Geben Sie ihm das Kommando „Bring Leine" und geben Sie ihm ein Leckerchen, wenn er damit zurückkommt.
2. Legen Sie nun die Leine an ihren angestammten Platz, z.B. auf ein Tischchen neben der Tür. Zeigen Sie darauf und fordern Sie Ihren Hund mit „Hol' deine Leine!" auf.
3. Belohnen Sie Ihren Hund, indem Sie sofort die Leine an seinem Halsband befestigen und mit ihm spazieren gehen. Bei diesem Trick ist die Belohnung der Spaziergang an Stelle des Leckerchens. Stellen Sie diese Verknüpfung von Anfang an her.

DAS KÖNNEN SIE ERWARTEN: Wundern Sie sich nicht, wenn Ihr junger Hund Ihnen sagt, was er will, indem er Ihnen die Leine in den Schoß fallen lässt!

HILFE, ES KLAPPT NICHT

Muss der Hund zuerst „Bring" lernen, bevor ich mit ihm diesen Trick einübe? Wenn Sie Ihrem Hund nicht schon das „Bring" beigebracht haben, versuchen Sie es einmal so: Machen Sie aus der Leine ein Bündel und werfen Sie es spielerisch. Sobald er das Bündel mit dem Maul berührt, klicken Sie, geben ihm ein Leckerchen und gehen dann sofort mit ihm spazieren.

TIPP Wenn Sie das nächste Mal spazieren gehen möchten, wecken Sie bei Ihrem Hund die Vorfreude auf einen Spaziergang und lassen ihn dann die Leine holen, bevor Sie losgehen.

1. Werfen Sie die Leine und lassen Sie Ihren Hund die Leine wiederbringen.

2. Legen Sie die Leine an ihren angestammten Platz.

3. Belohnen Sie Ihren Hund, indem Sie ihn anleinen und mit ihm spazieren gehen.

Kommunikation

mittel

Bring' deinen Futternapf

Hörzeichen
Bring

„Ich glaube, jetzt ist Essenszeit."

Indem Ihr Hund seinen Futternapf bringt, bevor er etwas zu fressen bekommt, lernt er, für seine Belohnungen zu arbeiten. Außerdem sieht es richtig gut aus!

SCHRITT FÜR SCHRITT

1. Bringen Sie Ihrem Hund zunächst das Bring (Seite 134) und dann das Bring in die Hand (Seite 138) bei.
2. Bereiten Sie wie gewöhnlich sein Futter zu ... gehen Sie in die Küche, holen Sie den Futtersack heraus etc.
3. Zeigen Sie auf den Futternapf und geben Sie ihm das Kommando „Bring!" Höchstwahrscheinlich ist Ihr junger Hund aufgeregt und dreht sich im Kreis. Zeigen Sie weiterhin auf den Napf und ermuntern Sie ihn.
4. Wenn er Ihnen schließlich seinen Napf bringt, loben Sie ihn überschwänglich. Geben Sie unverzüglich sein Futter oder ein paar Leckerchen in den Napf, stellen ihn auf den Boden und lassen den Hund seine Belohnung fressen.

DAS KÖNNEN SIE ERWARTEN: Das Schwierige an diesem Trick ist, ihn das erste Mal einzuüben. Sobald Ihr Hund das erste Mal Erfolg hat, wird er rasch die Verbindung zwischen Napf bringen und Futter bekommen herstellen.

HILFE, ES KLAPPT NICHT

Mein Hund bringt alles Mögliche – nur nicht seinen Futternapf

Das kann am Futternapf selbst liegen. Hunde nehmen nicht gern Metall oder Porzellan in ihr Maul – nehmen Sie daher lieber einen Kunststoffnapf. Achten Sie darauf, dass der Napf entweder einen Rand, eine Einkerbung oder etwas anderes hat, an dem ihn der Hund leicht festhalten kann.

TIPP Junge Hunde sollten etwa bis zum fünften Lebensmonat drei bis vier Mahlzeiten pro Tag erhalten. Danach können Sie auf zwei bis drei Mahlzeiten pro Tag umstellen.

3. Wenn es Zeit zum Fressen ist, geben Sie Ihrem Welpen das Kommando „Bring".

4. Loben Sie ihn, wenn er samt Futternapf zu Ihnen zurückkommt ... und geben Sie ihm sofort sein Futter.

Kommunikation

leicht

Sitz vor dem Fressen

Hörzeichen
Sitz

Es ist nie zu früh, gute Manieren zu lernen. Bringen Sie Ihrem höflichen Welpen bei, sich zuerst zu setzen, bevor das Futter serviert wird.

„Mein Frauchen sagt immer, in diesem Haus herrschen gute Manieren."

SCHRITT FÜR SCHRITT

1. Zuerst sollte Ihr Welpe das Sitz lernen (Seite 38). Wenn es Zeit zum Fressen ist, bereiten Sie den Napf für ihn vor und halten ihn außerhalb seiner Reichweite in der Hand. Sagen Sie Ihrem Welpen „Fressen, Sitz". Da es noch ein Welpe ist, wird er so aufgeregt sein, dass er vorübergehend die Bedeutung des Wortes vergessen hat! Geben Sie dem Hund mehrfach Gelegenheit, ins Sitz zu gehen und helfen Sie ihm dabei, indem Sie mithilfe des Futternapfs seinen Kopf nach oben und zurück locken, sodass sein Hinterteil automatisch nach unten geht. Macht er kein Sitz, wenden Sie sich ab und stellen den Napf etwa eine Minute lang außerhalb seiner Reichweite ab.
2. Versuchen Sie es eine Minute später nochmals. Geht Ihr Hund schließlich doch ins Sitz, und sei es auch nur für eine Sekunde, verstärken Sie diesen Moment, indem Sie „Fein" sagen oder klicken.
3. Stellen Sie ihm sofort den Futternapf hin als Belohnung für seine Höflichkeit.

DAS KÖNNEN SIE ERWARTEN: Auch erst acht Wochen alte Welpen können schon das Sitz lernen, bevor es Futter gibt. Mit dieser Übung können Sie Ihrem Welpen gute Manieren beibringen. Seien Sie nicht zu streng zu Ihrem Welpen – das Ziel ist nicht das perfekte Sitz, sondern der Welpe soll sich angewöhnen, höflich auf sein Futter zu warten anstatt es einzufordern.

HILFE, ES KLAPPT NICHT

Mein Welpe macht einfach kein Sitz
Wenn Ihr Welpe noch gar kein Sitz kann, ist es unfair, ihn zum Sitz vor dem Fressen aufzufordern. Überlegen Sie, ob dies das Problem sein kann. Kann Ihr Welpe schon Sitz, dann versuchen Sie, den Napf oberhalb seines Kopfes zu halten und auf ihn zuzugehen. Dadurch sollte sein Hinterteil automatisch nach unten gehen, besonders wenn der Welpe eine Wand im Rücken hat.

TIPP Lassen Sie Ihrem Hund den gefüllten Napf nicht den ganzen Tag zur freien Verfügung stehen. Hat er eine Mahlzeit nicht in 15 Minuten gefressen, nehmen Sie den Napf wieder weg.

1. Wenn Ihr Welpe kein Sitz macht, stellen Sie den Napf eine Minute lang weg.

2. Bestärken Sie den Moment, in dem Ihr Hund Sitz macht.

3. Geben Sie dem Hund sofort das Futter.

 mittel

Lass' es

Hörzeichen
Lass' es

„Ich habe einmal ein Sandwich auf dem Tisch gefunden. Jedes Mal sehe ich dort nach, aber bisher habe ich keins mehr gefunden."

Wenn Ihr junger Hund etwas nicht fressen – oder an etwas nicht herangehen – soll, geben Sie ihm das Kommando „Lass' es." Dieses Kommando kann für einen Kuchen, Ihren Schuh oder die Katze gelten.

SCHRITT FÜR SCHRITT

1. Setzen Sie sich neben Ihren Hund und legen Sie ein Leckerchen auf den Boden. Sagen Sie in bestimmtem (aber nicht lautem) Tonfall „Lass' es". Halten Sie Ihre Hand parat, um das Leckerchen abzudecken, wenn er es nehmen will.
2. Interessiert sich Ihr Hund für das Leckerchen, sagen Sie „Nein" und decken es mit Ihrer Hand ab.
3. Wiederholen Sie das Ganze solange, bis sich Ihr Hund nicht mehr dem Leckerchen nähert. Zuerst wird er vielleicht nur eine oder zwei Sekunden warten, bevor er seine Meinung ändert und das Leckerchen haben will. Sie möchten ihn aber belohnen, *bevor* er seine Meinung ändert. Beobachten Sie, wie lange er es aushält und belohnen Sie ihn eine Sekunde, bevor er sich bewegt. Klicken Sie und geben Sie ihm ein Leckerchen aus Ihrer Tasche.

DAS KÖNNEN SIE ERWARTEN: Die meisten Welpen beherrschen diesen Trick innerhalb einer Woche. Belohnen Sie den Hund immer mit einem Leckerchen aus Ihrer Hand und nicht mit dem Leckerchen vom Boden. Wenn Sie es zulassen, dass er das Leckerchen vom Boden aufnimmt, wird er sich auf das Leckerchen konzentrieren. Sie wollen aber das Gegenteil erreichen – nämlich, dass er das Leckerchen *nicht* beachtet.

HILFE, ES KLAPPT NICHT

Mein Welpe will immer nur an das Leckerchen!

Nur Geduld ... wenn Sie ihn lange und oft genug davon abhalten, an das Leckerchen heranzukommen, wird er irgendwann damit aufhören. Klicken Sie genau in dem Moment und belohnen Sie ihn! Der exakte Zeitpunkt ist entscheidend. Klicken Sie genau dann, wenn er gerade nichts macht und nicht erst, nachdem er sich dem Leckerchen nähert.

TIPP Das Kommando „Lass' es" können Sie auch dafür verwenden, dass Ihr Welpe Ihren Schuh, Ihre Katze oder irgendetwas anderes in Ruhe lässt.

1. Sagen Sie zu Ihrem Welpen „Lass' es."

2. Will Ihr Welpe an das Leckerchen, decken Sie es ab.

3. Klicken Sie und belohnen Sie Ihren Welpen, wenn er nicht an das Leckerchen geht.

„Fang' mich doch!"

Kommunikation 113

mittel

In welcher Hand ist das Leckerchen?

Hörzeichen
Welche Hand?
Sichtzeichen

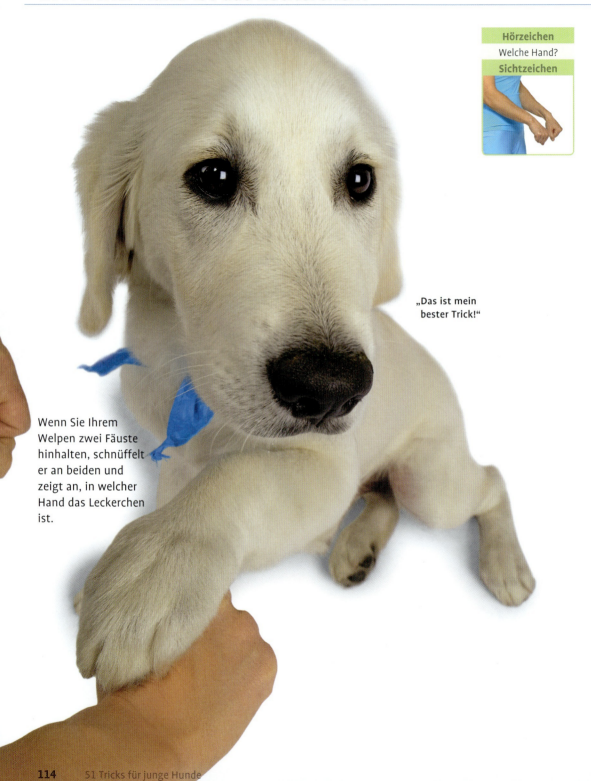

„Das ist mein bester Trick!"

Wenn Sie Ihrem Welpen zwei Fäuste hinhalten, schnüffelt er an beiden und zeigt an, in welcher Hand das Leckerchen ist.

SCHRITT FÜR SCHRITT

1. Nehmen Sie ein stark riechendes Leckerchen in eine locker geschlossene Faust, die andere Faust bleibt leer. Halten Sie Ihrem Welpen beide Fäuste auf Brusthöhe hin und fragen Sie ihn „Welche Hand?"
2. Stupst oder pfötelt Ihr Welpe die richtige Hand an, bestärken Sie dies, indem Sie „Gut!" sagen und Ihre Hand öffnen, damit er das Leckerchen daraus fressen kann.
3. Interessiert sich Ihr Hund für die falsche Hand, sagen Sie nur „Schade". Öffnen Sie die Hand, damit er sieht, dass sie leer ist. Warten Sie zehn Sekunden vor dem nächsten Versuch.
4. Sobald Ihr Welpe zuverlässig Ihre richtige Hand anstupst, versuchen Sie, dass er nach der richtigen Hand pfötelt. Halten Sie Ihre Fäuste dicht über den Boden. Hat er mit der Nase seine Wahl getroffen, ziehen Sie die andere Hand zurück und fordern ihn mit dem Kommando „Hol's!" auf, nach der richtigen Hand zu pföteln.

DAS KÖNNEN SIE ERWARTEN: Welpen lieben diesen Trick, weil er zwei ihrer Lieblingsaktivitäten miteinander kombiniert: die Nase benutzen und Leckerchen bekommen!

HILFE, ES KLAPPT NICHT

Ich glaube, mein Welpe rät nur
Übereifrige Hunde sind dermaßen auf das Leckerchen versessen, dass sie nach der ersten Hand, die sie sehen, pföteln. Versuchen Sie, mit den Fäusten über dem Kopf des Welpen zu bleiben, damit er daran schnüffeln, aber nicht danach pföteln kann. Nachdem er beide beschnüffelt hat, sagen Sie „Warten", halten Ihre Hände tiefer und fragen dann „Welche Hand?"

TIPP Würstchenscheiben, die Sie zuvor 3 Minuten lang in der Mikrowelle aufgewärmt haben, sind extra lecker zum Üben!

2. Interessiert sich Ihr Welpe für die richtige Hand, sagen Sie „fein" und öffnen Sie Ihre Hand.

3. Zeigt Ihr Hund die falsche Hand an, sagen Sie „Schade!"

4. Versuchen Sie, dass Ihr Welpe seine Wahl mit der Pfote trifft.

 fortgeschritten

Hütchenspiel

Hörzeichen
Such

Bei diesem klassischen Spiel wird ein Ball unter eines der drei Eimerchen oder Hütchen gelegt. Die Hütchen werden schnell untereinander verschoben und Ihr Hund zeigt Ihnen, unter welchem der Ball versteckt ist.

„Mein Frauchen hat gesagt, dass Sie mich Quälgeist hätte taufen sollen, aber ich finde Jadie besser."

SCHRITT FÜR SCHRITT

1. Für diesen Trick brauchen Sie drei gleich große Blumentöpfe. Die Töpfe sollten ein Loch im Boden haben, durch das Ihr Hund das darunter versteckte Leckerchen riechen kann. Schwere Tontöpfe funktionieren am besten, weil sie nicht umfallen, wenn Ihr Welpe daran schnüffelt. Beginnen Sie zunächst mit nur einem Topf und reiben Sie das Innere mit einem schmackhaften Leckerchen aus (z.B. Würstchen oder gekochtem Hühnchen), damit er stark riecht. Lassen Sie Ihren Hund dabei zusehen, wie Sie ein Leckerchen auf den Boden legen und mit dem Blumentopf zudecken.

2. Fordern Sie ihn auf mit „Such!" Wenn er am Topf schnüffelt oder danach pfötelt, klicken Sie und heben den Topf an, um ihn mit dem Leckerchen zu belohnen.

3. Hat Ihr Hund den Dreh einmal raus – was nicht allzu lange dauern dürfte – halten Sie den Blumentopf fest und ermuntern ihn solange, bis er mit der Pfote danach greift. Tippen Sie sein Fußgelenk an oder verwenden Sie das Wort „Pfote" (Seite 60), damit er seine Pfote benutzt. Belohnen Sie jede Berührung mit der Pfote, indem Sie klicken und den Blumentopf hochheben.

4. Nehmen Sie nochmals zwei Blumentöpfe hinzu (kennzeichnen Sie den mit Geruch versehenen Topf für Sie als Erinnerungshilfe). Sagen Sie Ihrem Hund mit leiser Stimme „Such!"

5. Halten Sie die Töpfe fest, während Ihr Hund daran schnüffelt, damit er sie in seiner Begeisterung nicht umwirft. Arbeiten Sie mit unterschiedlichen Stimmlagen: Ein ruhiger Ton beruhigt den Hund, während er jeden Topf eifrig beschnüffelt, ein aufgeregter Ton zeigt ihm, dass er richtig getippt hat. Verliert er das Interesse, heben Sie den richtigen Blumentopf schnell hoch und setzen ihn gleich wieder ab, damit er das Leckerchen sieht.

6. Legt Ihr Hund seine Pfote auf den falschen Topf, heben Sie ihn nicht hoch, sondern sagen „Schade" und fordern ihn auf, weiterzusuchen.

7. Zeigt Ihr Welpe den richtigen Blumentopf an, klicken Sie und heben Sie den Blumentopf hoch, damit er seine Belohnung erhält!

DAS KÖNNEN SIE ERWARTEN: Bestärken Sie Ihren Hund in seinem Tun und sagen Sie nicht „Nein", wenn er einen falschen Blumentopf anzeigt. Üben Sie nur wenige Male pro Übungseinheit und beenden Sie diese immer mit einem Erfolgserlebnis, auch wenn Sie dazu auf nur einen Blumentopf zurückgehen müssen, um dieses Erfolgserlebnis zu erhalten.

HILFE, ES KLAPPT NICHT

Mein Welpe hat kein Interesse daran, am Blumentopf zu schnüffeln

Möglicherweise kann Ihr Welpe den Geruch des Leckerchens nicht riechen. Damit er das Leckerchen auch wirklich riecht, kleben Sie ein schmackhaftes Leckerchen (beispielsweise ein Stück von einem Würstchen) auf der Innenseite des Topfs mit Klebeband direkt am Loch im Boden fest.

TIPP Üben Sie den Erfolg und vergessen Sie alles andere. Sagen Sie niemals „Nein", wenn Ihr Hund den falschen Blumentopf anzeigt.

„Gibt's jetzt Fressen? Hast Du mich gerufen?"

Kommunikation

HÜTCHENSPIEL

1. Verstecken Sie ein Leckerchen unter einem Blumentopf.

2. Sobald Ihr Hund den Topf anstupst, klicken Sie … und heben den Topf hoch.

3. Halten Sie den Topf fest und klicken Sie erst dann, wenn Ihr Hund mit der Pfote nach dem Blumentopf greift.

4. Nehmen Sie noch zwei Blumentöpfe hinzu.

5. Halten Sie die Blumentöpfe fest, während Ihr Hund jeden Topf beschnüffelt.

6. Zeigt Ihr Hund den falschen Topf an, heben Sie ihn nicht hoch. Ermuntern Sie ihn, weiterzusuchen.

7. Zeigt er den richtigen Blumentopf an, klicken Sie …

und heben Sie den Topf hoch, damit er das Leckerchen nehmen kann.

„Ich weiß, wo du dich versteckt hast!"

Kommunikation

leicht

Das versteckte Gemüse finden

Hörzeichen
Such

Verstecken Sie Gemüse, Leckerchen oder Trockenfutter im Haus und bringen Sie Ihrem Hund bei, möglichst viel davon zu finden. Mit diesem Trick lernt er, seine Nase zu benutzen und ist eine Zeit lang beschäftigt!

„Diesen Trick kann ich richtig gut. Ich kenn' alle Verstecke!"

SCHRITT FÜR SCHRITT

1. Für diesen Trick können Sie Leckerchen oder Trockenfutter verwenden. Obst und Gemüse sind eine gute kalorienarme Variante und machen genauso viel Spaß. Halten Sie Ihrem Hund ein Gemüsestück an die Nase und sagen „Riech"", damit er weiß, welchen Geruch er suchen muss. Werfen Sie ein Stück Gemüse in kurzer Entfernung auf den Boden und schicken Sie ihn zum „Such!" Loben Sie ihn, wenn er es findet.

2. Wiederholen Sie dieses Spiel und erhöhen Sie den Schwierigkeitsgrad. Legen Sie das Gemüse weiter weg oder weg vom Boden auf einen Beistelltisch oder eine Treppenstufe.

3. Verteilen Sie ein paar Gemüsestücke im Zimmer. Ist Ihr Junghund verwirrt, helfen Sie ihm, indem Sie mit ihm zusammen auf ein Gemüsestück zulaufen. Suchen Sie schwierigere Verstecke aus, je besser Ihr Hund beim Suchen und Finden wird. Aber achten Sie dennoch darauf, dass er schöne Erfolge hat – Sie wollen sicher nicht, dass Ihr Hund frustriert wird und aufgibt.

DAS KÖNNEN SIE ERWARTEN: Dieser Trick ist eine wunderbare Bereicherung für junge Hunde, da sie ihren Geruchssinn einzusetzen lernen!

HILFE, ES KLAPPT NICHT

Mein Welpe gibt zu schnell auf
Das Ziel besteht nicht darin, Ihren Hund auszutricksen, sondern ihn Erfolg haben zu lassen. Üben Sie in kleinen Schritten, damit er lernt, seinen Fähigkeiten zu vertrauen. Mit der Zeit wird er Gefallen an größeren Herausforderungen finden. Stark riechende Leckerchen sind leichter zu finden.

TIPP Bevorzugt verwendete rohe Gemüsesorten: Karotten, Mais, Gurke und Rüben. Äpfel und Bananen zählen zu den bevorzugten Obstsorten!

1. Werfen Sie ein Leckerchen und lassen Sie mit dem Kommando „Such!" den Hund danach suchen.

2. Verstecken Sie das Leckerchen etwas weiter weg oder nicht am Boden.

3. Verstecken Sie mehrere Leckerchen im Zimmer.

Zählen Sie, wie viele Ihr Hund findet!

Kommunikation

leicht

Tür schließen

Hörzeichen
Zu

Bringen Sie Ihrem Hund bei, eine Tür zuzuschlagen oder zuzuschieben. Mit dieser Fertigkeit kann Ihr junger Hund auch eine Schublade, einen Schrank oder die Spielzeugkiste mit einem Deckel schließen.

„Ich hau' ständig die Türen zu. Ich helf' nämlich gern!"

SCHRITT FÜR SCHRITT

1. Bevor Sie mit dem Üben beginnen, sollten Sie an Ihrer Tür vielleicht ein Stück Karton befestigen, da Junghunde in der Übungsphase häufig an der Tür kratzen. Öffnen Sie die Tür einen Spalt breit und halten Sie ein Leckerchen auf Nasenhöhe Ihres Hundes gegen die Tür. Geben Sie das Kommando „Zu, Hol's!" Interessiert sich Ihr Hund für das Leckerchen, halten Sie es etwas höher gegen die Tür und außerhalb seiner Reichweite. Bei dem Versuch, an das Leckerchen zu kommen, wird Ihr Hund wahrscheinlich mit seinen Vorderpfoten hochgehen und sie gegen die Tür stemmen, damit er besser herankommt. Dadurch wird er die Tür zuschlagen. Klicken Sie, sobald er eine oder beide Pfoten gegen die Tür stemmt.

2. Geben Sie Ihrem Hund das Leckerchen, das Sie gegen die Tür gehalten haben. Am besten geben Sie es ihm, solange er noch seine Pfoten gegen die Tür stemmt und nicht erst, wenn er sie bereits wieder auf dem Boden abgesetzt hat.

3. Hat Ihr Hund einmal begriffen, wie es geht, klopfen Sie nur noch gegen die Tür, damit er sie schließt. Klicken Sie und belohnen Sie ihn für das Zuschieben der Tür. Schließlich schicken Sie Ihren Hund aus der Entfernung mit dem Kommando „Zu", damit er die Tür zumacht. Wundern Sie sich nicht, wenn er sie vor lauter Eifer regelrecht zuhaut!

DAS KÖNNEN SIE ERWARTEN: Den meisten jungen Hunden gefällt es, eine Tür zuzuschlagen. In der Regel lernen sie diesen Trick in nur einer Woche.

HILFE, ES KLAPPT NICHT

Mein Hund hatte Angst vor dem Knall der zufallenden Tür
Nutzen Sie den Vorfall als Lernerfahrung und gewöhnen Sie ihn an laute Geräusche. Das ist ein wichtiger Punkt bei der Sozialisierung Ihres Welpen.

TIPP Arbeiten Sie mit derselben Methode, um Ihrem Welpen beizubringen, eine Schublade oder einen Küchenschrank zu schließen.

1. Halten Sie ein Leckerchen gegen die Tür und außerhalb der Reichweite Ihres Hundes. Klicken Sie, wenn er seine Pfoten gegen die Tür stemmt.

2. Geben Sie ihm ein Leckerchen, wenn er sich in der richtigen Stellung befindet.

3. Versuchen Sie es jetzt ohne Leckerchen.

Kommunikation

🐾🐾🐾 fortgeschritten

Druckleuchte anmachen

Hörzeichen
Ziel

Bringen Sie Ihrem Welpen bei, eine Druckleuchte auf dem Boden anzumachen. Wir arbeiten hierbei mit einem allgemeinen Kommando „Ziel", da wir dieses später auch anderweitig einsetzen können.

„Licht an. Licht aus.
Licht an. Licht aus.
Licht an. Licht aus."

SCHRITT FÜR SCHRITT

1. Legen Sie eine große Druckleuchte auf den Boden. In der Übungsphase klebt man sie am besten am Boden fest, damit es sich nicht bewegt.
2. Zeigen Sie Ihrem Hund, dass Sie Leckerchen in Ihrer Tasche haben, um sich seiner Aufmerksamkeit sicher zu sein. Halten Sie Ihren Clicker bereit und drücken Sie auf die Leuchte, um die Aufmerksamkeit Ihres Hundes darauf zu lenken.
3. Ihr Hund wird wahrscheinlich die Leuchte beschnüffeln und mit der Nase anstupsen. Ein Nasenstupser wird allerdings nicht belohnt, da er sie mit der Pfote berühren soll. Sie möchten ja aber, dass Ihr Hund nicht das Interesse an der Leuchte verliert. Wenn er daher daran schnüffelt, ermuntern Sie ihn mit „Gut! Hol's! Mach' weiter!" und drücken Sie nochmals auf die Leuchte.
4. Vor lauter Frustration wird Ihr Hund wahrscheinlich irgendwann an der Leuchte scharren. Halten Sie sich bereit mit dem Clicker – klicken Sie, sobald eine Pfote die Leuchte berührt, und sei es auch noch so leicht.
5. Geben Sie dem Hund sofort ein Leckerchen. Im Idealfall geben Sie ihm das Leckerchen, während er in der richtigen Stellung ist – mit seiner Pfote auf der Leuchte.
6. Scharrt Ihr Hund nicht, gibt es noch eine andere Methode. Locken Sie ihn mit einem Leckerchen vorwärts, sodass er versehentlich auf die Leuchte tritt oder mit seiner Pfote knapp berührt.
7. Sobald er sie mit seiner Pfote berührt, klicken Sie und geben ihm gleichzeitig das Leckerchen aus Ihrer Hand.
8. Sobald Ihr Hund den Trick einmal begreift, stehen Sie auf und gehen etwas weiter weg von der Leuchte. Schicken Sie ihn mit dem Kommando „Ziel!" los, es anzumachen.

DAS KÖNNEN SIE ERWARTEN: Welpen macht dieser Trick großen Spaß, sobald sie ihn einmal begriffen haben. Wenn Sie ein perfektes Timing mit dem Clicker hinlegen, beherrscht Ihr Welpe den Trick in nur wenigen Tagen.

HILFE, ES KLAPPT NICHT

Ich schaffe es nicht, dass mein Hund zufällig auf die Leuchte tritt

Versuchen Sie es einmal damit: Anstatt die Leuchte am Boden zu befestigen, machen Sie sie an einer kleinen Holzkiste fest. Bringen Sie dann Ihren Hund dazu, seine Vorderpfoten auf die Kiste zu stellen. Da er auf der Kiste weniger Platz für seine Pfoten hat, ist die Wahrscheinlichkeit höher, dass er versehentlich auf die Leuchte tritt.

Mein Hund drückt nicht fest genug auf die Leuchte, um sie anzumachen

Belohnen Sie Ihren Hund anfangs jedes Mal, wenn er mit seiner Pfote die Leuchte berührt. Hat er das wirklich verstanden, halten Sie das Leckerchen zurück und sagen „Ziel!". Sicher wird er frustriert sein und dann stärker auf die Leuchte drücken – belohnen Sie das!

TIPP Nehmen Sie in der Lernphase die Batterien heraus, da das Licht ein unbeabsichtigtes Bestärkungszeichen für Ihren Hund sein kann. Es ist besser, wenn Sie die positive Bestärkung über den Clicker steuern.

„Ich bin mal auf einen Käfer getreten. Der hat sich dann leider nicht mehr bewegt."

Kommunikation

DRUCKLEUCHTE ANMACHEN

1. Befestigen Sie eine große Druckleuchte am Boden.

2. Berühren Sie sie, um die Aufmerksamkeit Ihres Hundes darauf zu lenken.

3. Belohnen Sie keine Nasenstupser, sondern ermuntern Sie Ihren Hund, sich weiter damit zu beschäftigen.

4. Irgendwann wird Ihr Hund an der Leuchte scharren. In dem Moment klicken Sie!

5. Belohnen Sie Ihren Hund möglichst dann, wenn seine Pfote auf der Leuchte liegt.

6 Bringen Sie Ihren Hund dazu, versehentlich auf die Leuchte zu treten.

7 Klicken Sie und geben Sie dem Hund gleichzeitig das Leckerchen.

8 Stehen Sie auf und geben Sie Ihrem Hund das Kommando „Ziel".

„Ich hab's verstanden."

Kommunikation 127

Kapitel 5: Verhaltensformung

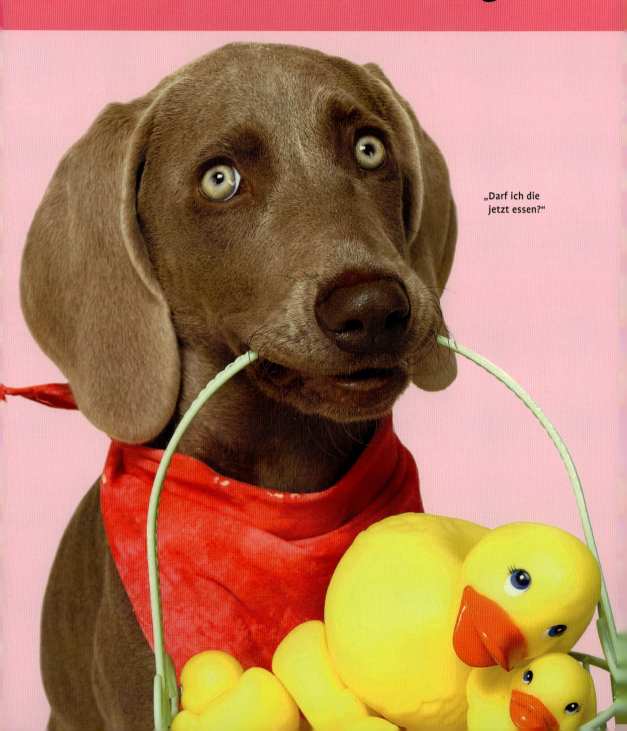

„Darf ich die jetzt essen?"

Clicker-Training

kann ein Verhalten punktgenau bestärken. Es eignet sich daher bestens zur Kombination mit der *Verhaltensformung*. Dabei wird ein Verhalten in mehrere Einzelschritte unterteilt und anfangs der einfachste Teil des Tricks belohnt. Ist der Hund wiederholt erfolgreich, erhöhen wir den Einsatz und belohnen nur noch solche Versuche, die in Richtung Zielverhalten gehen.

Verhaltensformung ist eine für junge Hunde besonders geeignete Methode. Welpen und Junghunde haben nur eine kurze Aufmerksamkeitsspanne und können sich nicht gut konzentrieren. Sie bewegen sich sehr schnell und werden schneller frustriert oder abgelenkt als erwachsene Hunde. Mit der Verhaltensformung können Sie Ihren Hund auch für den kleinsten Schritt in Richtung Zielverhalten belohnen. Auf diese Weise erfährt Ihr junger Hund sehr viele Erfolge – und bekommt viele Leckerchen! –, was dazu führt, dass er sich länger konzentriert und es weiter versuchen will.

Wendet man die Verhaltensformung etwa beim Einüben des „Bring" an, bestünde der erste Einzelschritt darin, dass der Welpe lediglich einen Ball neben Ihrem Fuß berührt. Belohnen Sie dieses einfache Verhalten immer wieder (und bestärken Sie es jedes Mal zum richtigen Zeitpunkt mit dem Clicker). Hat Ihr Welpe diesen Schritt einmal begriffen, verlangen Sie etwas mehr von ihm. Legen Sie den Ball allmählich immer weiter weg, bis Ihr Welpe lernt, ihn quer durch das Zimmer zu Ihnen zu bringen!

mittel

Fußball

Hörzeichen
Fußball

„Ich will damit aber *drinnen* spielen."

Sportfans haben mit Sicherheit einen Riesenspaß, wenn Ihr kleiner Superstar einen Fußball durch die Gegend dribbelt.

SCHRITT FÜR SCHRITT

1. Machen Sie sich mit der Methode der Verhaltensformung vertraut (Seite 128). Halten Sie den Clicker in Ihrer Hand parat und ein paar Leckerchen in Ihrer Leckerchentasche. Legen Sie den Fußball in ein leeres Zimmer. Ihr Hund wird diesen neuen Gegenstand wahrscheinlich erkunden. Falls jedoch nicht, stoßen Sie den Ball leicht an und geben Sie das Kommando „Fußball! Hol's!".

2. Sobald Ihr Hund den Ball berührt, klicken Sie und geben dem Welpen sofort ein Leckerchen.

3. Berührt Ihr junger Hund den Ball nicht, zeigen Sie ihm ein Leckerchen und legen Sie es unter den Ball. Wenn er an das Leckerchen will, wird er unbeabsichtigt den Ball berühren – jetzt klicken! Sie brauchen kein Leckerchen aus Ihrer Tasche geben, da er während des Klickens sicher schon das Leckerchen unter dem Ball erreicht hat.

4. Hat Ihr Hund einmal begriffen, dass er den Fußball berühren soll, wird der Einsatz erhöht und mehr von ihm verlangt. Lassen Sie ihn sich ein paar Sekunden lang mit dem Ball beschäftigen, bevor Sie klicken und den Hund belohnen. Jetzt sind Ihre Fähigkeiten in der Verhaltensformung gefragt. Ihr Hund wird den Ball wahrscheinlich einmal berühren und Sie ansehen und einen Klick erwarten. Hört er keinen Klick, wird er es noch einmal versuchen und den Ball stärker anstoßen, entweder mit seiner Nase oder seiner Pfote – Sie klicken bei beiden Varianten und geben dem Hund ein Leckerchen. Wird er frustriert, gehen Sie einen Schritt zurück und belohnen ihn für die bloße Berührung des Balls.

DAS KÖNNEN SIE ERWARTEN: Das Einüben des Fußball-Tricks ist eine großartige Gelegenheit, wie Sie beide die Kunst der Verhaltensformung lernen. Üben Sie täglich und Ihr Welpe wird innerhalb einer Woche ein Anwärter auf die Weltmeisterschaft sein!

HILFE, ES KLAPPT NICHT

Mein Welpe beißt in den Ball
In der Lernphase vermeiden Sie am besten das Wort „Nein" – es könnten Ihren jungen Hund davon abhalten, Neues zu entdecken. Klicken Sie niemals, wenn Ihr Hund in den Ball beißt. Warten Sie, bis er den Ball bewegt, ohne hineinzubeißen. Sie können es aber auch mit einem großen, harten Kunststoffball versuchen, in den Ihr Hund nicht beißen kann. Solche Bälle gibt es in Spielzeug-Bowling-Sets.

TIPP Ist Ihr Hund zu 75 % erfolgreich, erhöhen Sie den Einsatz und verlangen Sie mehr von ihm.

„Nein! Ich will nicht, ich will nicht, ich will nicht!"

FUSSBALL

1. Ihr junger Hund wird den neuen Gegenstand untersuchen wollen.

2. Klicken Sie, sobald er den Ball berührt.

Geben Sie dem Hund ein Leckerchen.

3. Legen Sie ein Leckerchen unter den Ball. Klicken Sie, wenn Ihr Hund den Ball berührt, um an das Leckerchen zu kommen.

4 Ihr Hund darf sich längere Zeit mit dem Ball beschäftigen, bevor Sie ihn belohnen.

„Ich verfolge gerne meinen Ball, weil er vor mir wegläuft!"

 mittel

Grundlagen des Bring

Hörzeichen
Bring

„Ich finde *alles Mögliche*, was ich meinem Frauchen bringen kann."

Bringen Sie Ihrem jungen Hund bei, einen Gegenstand herzubringen. Dieser wichtige Trick ist nicht nur äußerst nützlich, sondern er bringt Ihren Hund dazu, für Sie zu arbeiten.

SCHRITT FÜR SCHRITT

Geborene Apportierer

1. Welpen besitzen einen angeborenen Bringtrieb, den wir im folgenden nutzen werden. Beginnen Sie mit einem begehrten Spielzeug (dem Lieblingsspielzeug), das Ihr Hund gern ins Maul nimmt.
2. Interessieren Sie Ihren jungen Hund für das Spielzeug, indem Sie damit spielen. Werfen Sie es dann auf kurze Entfernung weg und sagen Sie „Bring!"
3. Sobald Ihr Hund das Spielzeug aufnimmt, fordern Sie ihn auf, es Ihnen zurückzubringen, indem Sie auf die Schenkel klopfen, ihn rufen, scheinbar aufgeregt sind oder vor ihm zurückweichen.
4. Wenn der Hund Ihnen das Spielzeug bringt, nehmen Sie es ihm ab, geben ihm ein Leckerchen und dann geben Sie ihm das Spielzeug sofort wieder zurück. Es ist wichtig, dass Ihr Hund weiß, dass er sein Spielzeug nicht verlieren wird, wenn er es Ihnen bringt, andernfalls wird er es Ihnen nicht mehr bringen wollen!

Apportierer wider Willen

5. Bei sehr jungen Hunden oder bei Rassen, die nicht speziell zum Apportieren gezüchtet sind, kann die erste Trainingsmethode unter Umständen nicht zum Erfolg führen. In einem solchen Fall kommt die schrittweise Methode der Verhaltensformung zum Einsatz (Seite 128). Halten Sie den Clicker in Ihrer Hand parat. Spielen Sie mit dem Lieblingsspielzeug Ihres Hundes, indem Sie es hin und her bewegen und in die Luft werfen. Sobald der Hund das Spielzeug mit seinem Maul berührt, klicken Sie und geben dem Welpen schnell ein Leckerchen.
6. Sobald Ihr Hund das Spielzeug packt, erhöhen Sie den Einsatz und verlangen mehr von ihm, bevor er seinen Klick bekommt. Werfen Sie das Spielzeug spielerisch auf den Boden und klicken Sie, wenn er es packt. Beim nächsten Mal steigern Sie das Ganze und klicken erst dann, wenn er das Spielzeug aufnimmt und seinen Kopf zu Ihnen wendet. Wie immer geben Sie dem Welpen nach jedem Klick ein Leckerchen.
7. Beherrscht Ihr junger Hund das Bring auf kurze Distanz, werfen Sie das Spielzeug weiter weg und sagen „Bring!" Klicken Sie, wenn er mit dem Spielzeug zurückkommt und geben Sie ihm ein Leckerchen.

DAS KÖNNEN SIE ERWARTEN: Die meisten Welpen und Junghunde tragen gerne irgendetwas im Maul herum und begreifen die Grundlagen des Bring innerhalb einer Woche. Sie lassen sich jedoch leicht ablenken – verlängern Sie daher die Distanz nicht zu schnell.

HILFE, ES KLAPPT NICHT

Mein Welpe holt das Spielzeug und läuft damit weg

Laufen Sie niemals Ihrem Welpen hinterher, wenn er Weglaufen spielt. Locken Sie ihn mit einem Leckerchen zurück oder laufen Sie vor ihm davon, um ihn zu animieren, hinter Ihnen herzulaufen. Halten Sie ein zweites Spielzeug bereit, um seine Aufmerksamkeit zu bekommen.

Ich schaffe es nicht, dass mein Welpe das Spielzeug aufnimmt

Beginnen Sie damit, dass Sie klicken, auch wenn Ihr Welpe das Spielzeug nur berührt oder daran schnüffelt. Macht er nicht einmal das, klicken Sie, sobald er den Kopf nach unten zum Spielzeug beugt. Fangen Sie ganz klein an und steigern Sie das Ganze, sowie Ihr Welpe jeden Einzelschritt begriffen hat.

TIPP Hat Ihr junger Hund während der Übungen wiederholt keinen Erfolg, gehen Sie einen Lernschritt zurück.

„Juhu! Auto fahren! Juhu-juhu-juhu-juhu!"

Verhaltensformung

GRUNDLAGEN DES BRING

Geborene Apportierer

① Spielen Sie mit einem Spielzeug, das Ihr Hund mag.

② Wenn er sich dafür interessiert, werfen Sie es spielerisch.

③ Fordern Sie Ihren Hund auf, es Ihnen zurückzubringen.

④ Geben Sie ihm ein Leckerchen und geben Sie ihm auch sein Spielzeug wieder.

Apportierer wider Willen

5 Sobald der Hund das Spielzeug mit seinem Maul berührt, klicken Sie ... und geben ihm ein Leckerchen.

6 Erhöhen Sie den Einsatz und werfen Sie das Spielzeug auf den Boden. Klicken Sie, wenn Ihr Hund es packt.

Erhöhen Sie erneut den Einsatz und warten Sie, bis der junge Hund das Spielzeug aufnimmt und sich zu Ihnen dreht. Jetzt klicken.

7 Werfen Sie das Spielzeug weiter weg.

Klicken Sie, wenn Ihr Hund mit dem Spielzeug zurückkommt.

Verhaltensformung

fortgeschritten

Eine Zeitung in die Hand bringen

Hörzeichen
Bring

Beherrscht Ihr Junghund das Bring, können Sie den Schwierigkeitsgrad erhöhen, indem Sie ihm beibringen, Ihnen den Gegenstand in die Hand zu bringen. Üben Sie mit ihm, dass er Ihnen die Tageszeitung bringt.

„Das ist eine wichtige Arbeit – die muss ich jeden Tag tun."

SCHRITT FÜR SCHRITT

1. Bringen Sie Ihrem jungen Hund zunächst die Grundlagen des Bring bei (Seite 134). Üben Sie anfangs drinnen im Haus, damit er weniger abgelenkt wird. Wickeln Sie ein Gummiband um einen Teil der Zeitung und werfen Sie die Zeitung spielerisch für Ihren Hund. Geben Sie ihm das Kommando „Bring! Hol' die Zeitung!" Nimmt er die Zeitung auf, klopfen Sie sich auf die Schenkel, damit er zu Ihnen zurückkommt.

2. Wenn Ihr Hund die Zeitung zuverlässig bringt, können Sie ihm beibringen, sie Ihnen direkt in die Hand zu geben. Hierfür müssen Sie darauf achten, dass der junge Hund Erfolg hat und ihn für diesen Erfolg belohnen. Sie müssen eine Situation schaffen, in der er Ihnen die Zeitung tatsächlich in die Hand bringt, ohne sie fallenzulassen. Das erfordert gute Mitarbeit Ihrerseits. Während Ihr Hund mit der Zeitung zu Ihnen zurückkommt, lassen Sie den linken Fuß stehen und machen Sie mit dem rechten Fuß einen großen Schritt rückwärts. Das bringt Ihren Hund dazu, näher an Sie heranzukommen.

3. Ist Ihr Hund nah genug, lassen Sie den linken Fuß stehen und machen Sie mit dem rechten Fuß einen großen Schritt nach vorne. Versuchen Sie, die Zeitung aufzufangen, bevor sie herunterfällt.

4. Wenn Sie es schaffen, die Zeitung aufzufangen, loben Sie Ihren jungen Hund ausgiebig und überschwänglich und geben Sie ihm ein großes Leckerchen!

5. Schaffen Sie es nicht, die Zeitung aufzufangen, bevor sie herunterfällt, versuchen Sie, Ihren Hund dazu zu bringen, sie wieder aufzunehmen. Damit zeigen Sie dem Hund, dass seine Arbeit noch nicht erledigt ist. Halten Sie ein Leckerchen in der Hand, um Ihren Hund besser motivieren zu können, zeigen Sie auf die Zeitung und geben Sie das Kommando „Bring!" Begreift der junge Hund nicht, was Sie wollen, wedeln Sie etwas mit der Zeitung, damit sie interessant für ihn wird.

6. Belohnen Sie Ihren Hund nur dann, wenn Sie die Zeitung aus seinem Maul nehmen. Schaffen Sie es überhaupt nicht, dass er nochmals die Zeitung aufnimmt, gehen Sie einfach weg, ohne die Zeitung aufzuheben und versuchen Sie es später noch einmal.

DAS KÖNNEN SIE ERWARTEN: Junge Hunde haben die Angewohnheit, Gegenstände fallenzulassen, wenn sie das Interesse daran verlieren. Bestehen Sie beim Training darauf, dass Ihr Hund die Zeitung bis in Ihre Hand bringt. Beherrscht er das Bring, kann er innerhalb einer Woche lernen, Gegenstände in die Hand zu bringen. Beginnen Sie mit dem Bringen der Zeitung zunächst bei Ihrem niedrigen Briefkasten oder der auf dem Boden liegenden Zeitung – immer dicht neben der Zeitung – und lassen Sie den Hund die Zeitung zu Ihnen bringen. Gehen Sie allmählich immer etwas weiter weg, sodass die Entfernung für das Bringen immer größer wird.

HILFE, ES KLAPPT NICHT
Mein Junghund zerfetzt die Zeitung!
Dieses Verhalten sollten Sie gleich im Keim ersticken. Spielzeuge sind zum Herumkauen da, aber die Zeitung gehört Ihnen und ist kein Spielzeug. Wickeln Sie um die gefaltete Zeitung während der Lernphase ein Abdeckband, damit sich Ihr Hund angewöhnt, sie Ihnen zu bringen anstatt sie zu zerstören.

TIPP Im Hundetrainingjargon bedeutet „Keks" eine Futterbelohnung. „Willst Du einen Keks?"

„Ich habe ein pinkes Halsband – das gefällt mir sehr. Aber manchmal will ich es einfach nicht anziehen."

DIE ZEITUNG IN DIE HAND BRINGEN

1. Wickeln Sie ein Gummi um die Zeitung. Werfen Sie die Zeitung spielerisch und geben Sie Ihrem Junghund das Kommando „Bring! Hol' die Zeitung!"

   Klopfen Sie sich auf die Schenkel, damit er zu Ihnen zurückkommt.

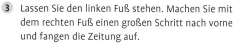

2. Lassen Sie den linken Fuß stehen. Treten Sie mit dem rechten Fuß einen Schritt zurück.

3. Lassen Sie den linken Fuß stehen. Machen Sie mit dem rechten Fuß einen großen Schritt nach vorne und fangen die Zeitung auf.

4. Feiern Sie den Erfolg Ihres Hundes und geben Sie ihm ein großes Leckerchen!

⑤ Fällt die Zeitung zu Boden … versuchen Sie, Ihren Junghund dazu zu bringen, sie aufzuheben.

⑥ Nehmen Sie die Zeitung aus dem Maul Ihres Hundes. Belohnen Sie Ihren Hund nur, wenn Sie die Zeitung aus seinem Maul nehmen.

Verhaltensformung **141**

fortgeschritten

Tür aufmachen

Hörzeichen
Auf

Binden Sie ein Seil oder ein Geschirrtuch an den Türgriff und bringen Sie Ihrem Junghund bei, die Tür zu öffnen!

„Hier sind die Hundekekse drin!"

SCHRITT FÜR SCHRITT

1. Machen Sie sich mit der Methode der Verhaltensformung vertraut (Seite 128). Knoten Sie ein Leckerchen in ein Geschirrtuch, um es für Ihren Junghund interessant zu machen und bewegen Sie es auf dem Boden hin und her. Wenn Ihr Hund mit dem Maul das Tuch berührt, klicken Sie und geben ihm dann ein Leckerchen.

2. Versuchen Sie im nächsten Schritt, dass Ihr Hund das Geschirrtuch eine Sekunde lang festhält. Sobald er das Tuch im Maul hat, bewegen Sie es weiter hin und her und ziehen etwas daran, um seinen Beutetrieb zu wecken. Immer, wenn er das Geschirrtuch zwei Sekunden lang festhält, klicken Sie und geben dem Hund ein Leckerchen.

3. Binden Sie das Geschirrtuch an den Türgriff. Unter Umständen ist es hilfreich, nochmals ein Leckerchen in das Geschirrtuch zu knoten. Wedeln Sie mit dem Geschirrtuch und klicken Sie jedes Mal, wenn sich der Hund mit dem Tuch beschäftigt – auch wenn er das Tuch nur mit der Nase berührt, während er nach dem Leckerchen schnüffelt.

4. Erhöhen Sie den Einsatz und warten Sie, bis Ihr Junghund das Geschirrtuch packt – dann klicken Sie und geben ihm ein Leckerchen.

5. Sobald Ihr Hund das Geschirrtuch packt, warten Sie mit dem Klicken, bis er etwas am Geschirrtuch zieht. Verlangen Sie nicht zuviel – klicken Sie anfangs schon beim leisesten Ziehen am Geschirrtuch.

6. Beherrscht Ihr Hund zuverlässig alle bisherigen Schritte, können Sie mehr von ihm verlangen. In der Endphase dürfte er auf das Kommando „Auf" stark genug am Geschirrtuch ziehen, um die Tür zu öffnen.

DAS KÖNNEN SIE ERWARTEN: Das Einüben dieses Tricks ist etwas schwieriger, als es zunächst den Anschein haben mag. Hier können Sie Ihr Geschick als Trainer unter Beweis stellen. Denken Sie immer daran, dass es darauf ankommt, Ihrem jungen Hund möglichst viele Erfolge (Klicks) zu verschaffen. Legen Sie daher Ihren Maßstab für Erfolg in sehr langsamen und kleinen Schritten an. Ihr Hund sollte etwa zehn bis dreißig Erfolge pro Einzelschritt machen können, bevor Sie zum nächsten Schritt übergehen.

HILFE, ES KLAPPT NICHT

Mein Hund kommt bei einem Lernschritt nicht weiter

Es ist bei einem jungen Hund nicht ungewöhnlich. Häufig stupst er das Geschirrtuch an, packt es aber nicht, oder aber er packt das Tuch, zieht aber nicht daran. Klicken Sie in solchen Fällen, wenn Ihr Hund den jeweiligen Lernschritt zwei Mal hintereinander macht. Wenn er z.B. das Geschirrtuch packt, klicken Sie nicht, sondern warten, bis er es ein zweites Mal packt und klicken dann. Beobachten Sie genau und klicken Sie, wenn sein erster Versuch eigentlich ein Ziehen am Geschirrtuch ist.

TIPP Mit diesem Trick kann man auch Schubladen, Schränke, Briefkästen und die Deckel von Spielzeugkisten öffnen.

„Ich öffne Türen lieber selber, damit mein Frauchen mir nicht immer helfen muss."

TÜR AUFMACHEN

1. Knoten Sie ein Leckerchen in ein Geschirrtuch.

Wedeln Sie mit dem Geschirrtuch hin und her, um das Interesses des Hundes daran zu wecken. Klicken Sie, wenn der Hund das Geschirrtuch packt und geben Sie ihm ein Leckerchen.

2. Ziehen Sie etwas am Geschirrtuch, damit Ihr Hund es länger festhält. Klicken Sie, wenn er das Tuch etwa 2 Sekunden lang festhält, und geben ihm dann ein Leckerchen.

3. Klicken Sie, wenn Ihr Hund an dem im Geschirrtuch geknoteten Leckerchen schnüffelt.

④ Erhöhen Sie den Einsatz und ...

warten Sie, bis Ihr Hund das Geschirrtuch packt, bevor Sie klicken. Geben Sie nach jedem Klick ein Leckerchen.

⑤ Beobachten Sie, ob Ihr Hund leicht an dem Geschirrtuch zieht.

⑥ Schließlich wird Ihr Junghund stark genug am Geschirrtuch ziehen, um die Tür zu öffnen.

Verhaltensformung **145**

fortgeschritten

Augen zuhalten

Hörzeichen
Augen zuhalten
Sichtzeichen

„Ich spicke auch nicht!"

Bei diesem liebenswerten Trick hält sich Ihr junger Hund die Augen zu, indem er die Pfote über seine Schnauze legt.

SCHRITT FÜR SCHRITT

1. Während der Übungsphase wird Ihr Hund seine Schnauze nur ganz kurz mit der Pfote berühren. Der Erfolg bei diesem Trick hängt stark vom präzisen Timing des Clickers ab. Kleben Sie ein Stück Klebeband auf den Kopf oder Nasenrücken Ihres Hundes. Hat Ihr Hund langes Fell, kleben Sie das Klebeband ein paar Mal auf Ihre Hosen, damit es etwas von seiner Haftfähigkeit verliert.

2. Geben Sie dem Hund das Kommando „Augen zuhalten, Hol's!" Das Klebeband wird ihn stören und er wird daher automatisch mit der Pfote über sein Gesicht streichen. Halten Sie Ihren Clicker parat und klicken, sobald der Hund mit seiner Pfote das Gesicht berührt.

3. Geben Sie dem Hund sofort nach dem Klicken ein Leckerchen. Hat der Hund das Klebeband nicht abstreifen können, wird er weiterhin davon abgelenkt sein. Daher merkt er wahrscheinlich nicht, dass Sie ihm ein Leckerchen anbieten. Geben Sie ihm daher das Leckerchen gleich nach dem Klicken direkt ins Maul. Halten Sie die Übungseinheiten kurz und wiederholen Sie höchstens fünf bis zehn Mal in einer Einheit. Hat Ihr junger Hund etwa 100 Wiederholungen hinter sich, können Sie zum nächsten Schritt übergehen.

4. Nach mehreren Durchgängen hintereinander mit Klebeband versuchen Sie jetzt einen Durchgang ohne Klebeband. Tippen Sie einfach die Stelle am Kopf des Hundes an, an der Sie normalerweise das Klebeband aufkleben und sagen Sie „Augen zuhalten!"

5. Wischt Ihr Hund tatsächlich über sein Gesicht, klicken Sie und belohnen ihn. Falls nicht, arbeiten Sie wieder mit dem Klebeband. Als Trainer müssen Sie häufig hin und her wechseln zwischen Klebeband und Antippen des Kopfes.

6. Irgendwann werden Sie kein Klebeband mehr brauchen oder auch nicht mehr den Kopf Ihres Hundes antippen müssen. Ihre Hör- und Sichtzeichen werden ausreichen, dass er seine Augen mit der Pfote zuhält.

DAS KÖNNEN SIE ERWARTEN: Diese Trainingsmethode ist so natürlich, dass Ihr Junghund das Klebeband gleich auf Anhieb abstreifen dürfte. Nach etwa einem Monat oder 200 Wiederholungen müsste er das Zuhalten der Augen mithilfe des Klebebands beherrschen. Es kann jedoch weitaus länger dauern, bis er diesen Trick ohne das Klebeband beherrscht.

HILFE, ES KLAPPT NICHT

Mein Hund schüttelt den Kopf, anstatt nach dem Klebeband zu pföteln
Verwenden Sie ein stärker haftendes Klebeband, sodass Ihr Hund es nicht so einfach abschütteln kann. Versuchen Sie, das Klebeband an unterschiedlichen Stellen aufzukleben: ober- bzw. unterhalb seiner Augen oder oben auf seinem Kopf.

Mein Welpe sitzt einfach nur da, mit dem Klebeband auf seiner Nase!
Fordern Sie Ihren Welpen auf, das Klebeband „anzugreifen", so wie er es auch mit einem Käfer auf seiner Nase machen würde. Berühren Sie das Klebeband, damit er merkt, dass es noch da ist und animieren Sie ihn mit Ihrer Stimme „Hol's! Hol's!"

TIPP Nehmen Sie Ihren Welpen auf eine Reise oder einen Botengang mit. Das fördert sein Sozialverhalten und Ihr Welpe wird den Szenenwechsel genießen.

„Dieser Trick ist schwierig, weil ich manchmal dabei umfalle."

Verhaltensformung

AUGEN ZUHALTEN

1. Kleben Sie ein Stück Klebeband auf den Kopf oder die Schnauze Ihres Hundes.

2. Klicken Sie, sobald Ihr Hund mit seiner Pfote das Gesicht berührt.

3. Geben Sie dem Hund nach dem Klicken ein Leckerchen direkt ins Maul.

4. Tippen Sie die Stelle am Kopf Ihres Hundes an, an der Sie normalerweise das Klebeband aufkleben und geben Sie das Kommando „Augen zuhalten!"

5. Als Trainer muss man oftmals hin und her wechseln zwischen Antippen des Kopfes und Klebeband.

„Warum lachst Du mich aus?"

6. Geben Sie das Sichtzeichen und sagen Sie Ihrem Hund „Augen zuhalten!"

Verhaltensformung

fortgeschritten

Skateboard

Hörzeichen
Skateboard

Ihr Hund kann lernen, Skateboard zu fahren, indem er mit drei Pfoten auf dem Skateboard steht und mit der vierten hinteren Pfote anschiebt. Dieser Trick ist nur für Hunde mit einem Alter von mindestens 12 Monaten geeignet.

„Ich bin immer gern obenauf."

SCHRITT FÜR SCHRITT

1. Machen Sie sich mit der Methode der Verhaltensformung vertraut (Seite 128). Halten Sie das Skateboard mit Ihrem Fuß fest und bringen Sie Ihren Hund mit dem Kommando Pfoten hoch dazu, mit seinen Vorderpfoten auf das Skateboard zu steigen (Seite 48). Sobald der Hund mit beiden Vorderpfoten auf dem Skateboard steht, klicken Sie und geben ihm das Leckerchen.

2. Bringen Sie nun Ihrem Hund bei, die dritte Pfote auf das Skateboard zu stellen. Halten Sie das Skateboard mit Ihrem Fuß fest, damit es sich nicht bewegt. Halten Sie den Clicker und ein Leckerchen in einer Hand dicht neben die Nase Ihres Hundes, damit sein Kopf und seine Vorderpfoten in der gewünschten Stellung bleiben. Beugen Sie sich auf die Seite des Skateboards, wo sich die Hinterpfoten Ihres Hundes befinden. Tippen Sie das Hinterbein an, das direkt neben dem Skateboard ist, damit der Hund merkt, dass er dieses Bein auf das Skateboard stellen soll. Macht er es, klicken Sie und geben ihm das Leckerchen aus Ihrer anderen Hand.

3. Hat Ihr Hund einmal begriffen, dass es darum geht, mit drei Beinen auf dem Skateboard zu stehen, kann man mit dem Fahren anfangen. Binden Sie eine Leine um die Vorderräder. Lassen Sie den Hund mit drei Beinen auf das Skateboard steigen und konzentrieren Sie seine Aufmerksamkeit weiterhin auf Sie selbst, indem Sie ihm ein Leckerchen knapp vor die Nase halten. Ziehen Sie ganz vorsichtig an der Leine. Sobald der Hund sein viertes Beim vom Boden nimmt, klicken Sie und geben ein Leckerchen. Wiederholen Sie den ganzen Ablauf immer wieder: ziehen, klicken und Leckerchen geben. Sie sollten alle paar Sekunden klicken, und zwar jedes Mal, wenn der Hund das vierte Bein vom Boden nimmt. Denken Sie daran, Ihrem Hund nach jedem Klick ein Leckerchen zu geben.

4. Nehmen Sie die Leine ab und gehen Sie rückwärts. Geben Sie das Kommando „Skateboard", während Sie Ihren Hund dazu bringen, das Skateboard in Ihre Richtung zu schieben.

DAS KÖNNEN SIE ERWARTEN: Hunde können innerhalb weniger Tage lernen, drei Pfoten auf das Skateboard zu stellen. Das Schieben des Skateboards mit der vierten Pfote kann noch mehrere Wochen oder sogar Monate dauern. Offenbar ist dies einer der Lieblingstricks von Bulldoggen und Parson Russell Terriern!

HILFE, ES KLAPPT NICHT

Mein Hund tritt manchmal auf das hintere Ende des Skateboards, sodass es hochklappt

Wenn Ihr Hund sich davor fürchtet, können Sie Schaumstoffstücke an die Unterseite beider Enden befestigen, damit das Skateboard nicht mehr hochklappt. Hat Ihr Hund jedoch keine Angst davor, nehmen Sie keine Veränderung am Skateboard vor, sondern lassen Sie Ihrem Hund Zeit, allein auszuprobieren, wie er am besten auf dem Skateboard balanciert.

TIPP Üben Sie diesen Trick auf glattem Boden. Risse im Zement oder Unebenheiten auf einem asphaltierten Parkplatz führen dazu, dass Sie beide keine Fortschritte machen.

„Weißt Du, was Fleischklößchen sind? Die sind mal so richtig richtig lecker!"

SKATEBOARD

1. Halten Sie das Skateboard mit Ihrem Fuß fest und bringen Sie Ihren Hund dazu, mit den Vorderpfoten auf das Skateboard zu steigen.

Sobald der Hund mit beiden Vorderpfoten auf dem Skateboard steht, klicken Sie und geben ihm ein Leckerchen.

2. Halten Sie ein Leckerchen auf Nasenhöhe des Hundes und klicken Sie, wenn er seine dritte Pfote auf das Skateboard stellt.

3. Befestigen Sie eine Leine am Skateboard und belohnen Sie Ihren Hund, wenn er seine vierte Pfote hochhebt.

4 Nehmen Sie die Leine ab und locken Sie Ihren Hund zu sich heran.

„Schneller! Schneller!"

Verhaltensformung

Kapitel 6:
Verkettung

„Ich krieg' das allein hin!"

Verketten

Sie mehrere einfache Tricks miteinander zu einem eindrucksvollen neuen Trick! Üben Sie bei einer Trickkombination zunächst jeden Trick einzeln. Lassen Sie später Ihren Hund die einzelnen Teilschritte hintereinander ausführen und geben Sie dieser Gesamtsequenz einen Namen.

Einen Basketball ins Netz zu werfen ist ein gutes Beispiel für eine Trickkombination. Sie kombiniert drei einfache Verhaltensschritte miteinander:
Bring den Ball
Pfoten hoch auf den Korbrand
Mit **Aus** den Ball ins Netz fallen lassen

Sobald Ihr junger Hund jeden Teilschritt einzeln beherrscht, können Sie die Gesamtsequenz üben. Ein neues Kommando, „Netz", gibt der Gesamtsequenz ihren Namen, sodass der Welpe die gesamte Verhaltenssequenz als einen einzigen Trick begreift.

Bring

Pfoten hoch

Aus

fortgeschritten

Räum dein Spielzeug in die Spielzeugkiste

Hörzeichen
Aufräumen

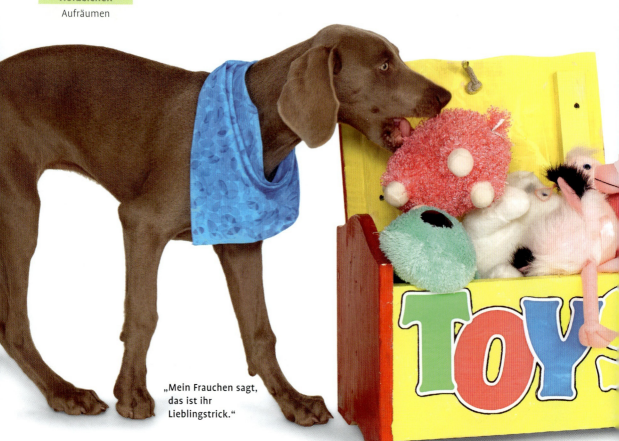

„Mein Frauchen sagt, das ist ihr Lieblingstrick."

Ihr Welpe öffnet den Deckel seiner Spielzeugkiste, legt sein Spielzeug hinein und schließt den Deckel wieder. Nehmen Sie diesen Trick zu den täglichen Aufgaben Ihres Welpen hinzu und Ihre Nachbarn werden vor Neid erblassen!

SCHRITT FÜR SCHRITT

Spielzeug einräumen

1. Halten Sie in einer Hand ein Leckerchen, in der anderen Ihren Clicker. Werfen Sie ein Plüschspielzeug und geben Sie Ihrem Hund das Kommando Bring (Seite 134).

2. Kommt Ihr Hund mit dem Spielzeug zurück, halten Sie das Leckerchen ein paar Zentimeter über die offene Spielzeugkiste, an den dem Hund gegenüberliegenden Rand. In dem Moment, in dem er das Maul öffnet, um an das Leckerchen zu kommen, fällt das Spielzeug hoffentlich direkt in die Kiste. Klicken Sie genau in dem Moment und geben Sie dem Hund das Leckerchen!

3. Geben Sie dem Hund am Anfang, wenn er das Spielzeug neben, aber nicht richtig in die Kiste fallen lässt, das Leckerchen, aber klicken Sie nicht. Mit zunehmendem Fortschritt klicken Sie nur dann und geben das Leckerchen, wenn das Spielzeug direkt in die Kiste fällt.

Den Deckel öffnen

4. Befestigen Sie ein dickes Seil mit Knoten am Kistendeckel an der Kante, die der Öffnung am nächsten ist. Klemmen Sie ein Spielzeug unter den Deckel, sodass er halb offen bleibt. Setzen Sie Ihren Hund hinter die Spielzeugkiste und wackeln Sie mit dem Seil. Wenn Ihr Hund am Seil schnüffelt oder es packt oder berührt, klicken Sie und geben ihm ein Leckerchen. Zeigt Ihr Hund kein Interesse am Seil – ein nach Würstchen riechendes Seil weckt garantiert seine Aufmerksamkeit!

5. Hat Ihr Hund begriffen, dass er das Seil berühren muss, um einen Klick zu bekommen, verlangen Sie mehr von ihm. Dieses Mal klicken Sie nicht, wenn er das Seil berührt. Er wird das Seil dann vermutlich ein zweites Mal berühren. Dann wird er möglicherweise frustriert und packt das Seil – jetzt klicken!

6. Beim nächsten Schritt versuchen Sie, dass Ihr Hund leicht am Seil zieht. Fordern Sie ihn dazu auf mit „Auf! Hol's! Hol's!" Klicken Sie beim geringsten Ziehen und geben Sie dem Hund ein Leckerchen.

7. Nehmen Sie nun das unter den Deckel geklemmte Spielzeug weg, sodass Ihr Hund den Deckel ganz alleine aufziehen kann!

Den Deckel schließen

8. Hierbei arbeiten wir nicht mit dem Clicker, da Sie beide Hände benötigen und da der Knall des zufallenden Deckels das Erfolgssignal sein wird. Knien Sie sich hin, halten Sie den Deckel mit einer Hand halb offen und bringen Sie mit einem Leckerchen in der anderen Hand den Hund dazu, auf den Deckel zu treten. Geben Sie Ihrem Welpen das Kommando „Mach zu".

9. Wenn der Hund auf den Deckel tritt, lassen Sie ihn zufallen und geben Sie dem Hund das Leckerchen aus Ihrer Hand. Er sollte noch mit seinen beiden Vorderpfoten auf dem Deckel stehen, während er seine Belohnung erhält. Erschrickt der Hund durch den Knall des Deckels, können Sie ein Geschirrtuch über die Kante der Spielzeugkiste hängen, um den Knall etwas zu dämpfen.

10. Lassen Sie allmählich den Deckel immer weiter offen, bis Ihr Hund begreift, dass Sie nur wollen, dass er den Deckel zuschlägt und dass er nicht unbedingt drauftreten muss.

DAS KÖNNEN SIE ERWARTEN: Beherrscht Ihr Junghund bereits das Bring, kann er innerhalb von zwei bis drei Wochen lernen, das Spielzeug in die Kiste fallen zu lassen. Viele junge Hunde schaffen es, innerhalb einer Woche den Deckel zuzumachen, aber den Deckel aufmachen dauert meistens etwas länger.

HILFE, ES KLAPPT NICHT

Manchmal ist mein Welpe verwirrt und nimmt Spielzeug aus der Kiste!
Ihr Hund möchte Ihnen unbedingt gefallen! „Hoppla!" macht Ihren jungen Hund darauf aufmerksam, dass er einen Fehler gemacht hat.

Mein Welpe möchte mit dem Spielzeug spielen und es nicht fallen lassen
Arbeiten Sie mit weniger interessantem Spielzeug.

KOMBINIEREN SIE DAS GANZE!
Machen Sie sich mit der Lernmethode des Kombinierens vertraut (Seite 154). Üben Sie zunächst jeden Teilschritt einzeln und danach die Gesamtsequenz, indem Sie zuerst das Kommando „Aufräumen" geben und danach die Kommandos für jeden Teilschritt: „Auf", „Bring", „Zu".

Verkettung

RÄUM DEIN SPIELZEUG IN DIE SPIELZEUGKISTE

Spielzeug einräumen

1. Werfen Sie ein Plüschspielzeug, das der Junghund Ihnen bringen soll.
2. Halten Sie ein Leckerchen über den hinteren Rand der Spielzeugkiste.
3. Klicken Sie, sobald Ihr Hund sein Maul öffnet.

Geben Sie Ihrem Hund das Leckerchen.

3. Belohnen Sie anfangs auch, wenn das Spielzeug neben die Kiste fällt.

Den Deckel öffnen

4. Klicken Sie, wenn Ihr Junghund am Seil schnüffelt oder es berührt.
5. Warten Sie, bis Ihr Hund das Seil packt, bevor Sie klicken.
6. Fordern Sie Ihren Hund auf, am Seil zu ziehen. Klicken Sie und geben Sie dem Welpen das Leckerchen.

7. Nehmen Sie das unter den Deckel geklemmte Spielzeug weg.

Lassen Sie den Hund den Deckel ganz alleine öffnen!

Klicken Sie und belohnen Sie Ihren Junghund dafür, dass er den Deckel geöffnet hat.

Den Deckel schließen

8. Halten Sie den Deckel halb offen und locken Sie Ihren Hund in die Höhe.

Dies sollte ihn dazu bringen, auf den Deckel zu treten.

9. Belohnen Sie ihn, während er mit den Vorderpfoten auf dem Deckel steht.

10. Erhöhen Sie den Schwierigkeitsgrad, indem Sie mit vollständig geöffnetem Deckel arbeiten.

Lassen Sie den Hund den Deckel zuschlagen.

Verkettung

fortgeschritten

Müll in den Treteimer bringen

Hörzeichen
Müll

Mit diesem Trick werden Sie Ihre Freunde so richtig beeindrucken! Bringen Sie Ihrem jungen Hund bei, den Treteimer mit dem Fußpedal zu öffnen und sehen Sie dabei zu, wie er den Müll in den Eimer wirft.

„Ich seh' immer im Mülleimer nach, ob da was Gutes drin ist."

SCHRITT FÜR SCHRITT

Den Müll in den Eimer werfen

1. Halten Sie in einer Hand ein Leckerchen und in der anderen den Clicker. Werfen Sie ein Plüschspielzeug und geben Sie Ihrem Hund das Kommando „Bring" (Seite 134).

2. Wenn Ihr Hund mit dem Spielzeug zurückkommt, halten Sie mit Ihrer Clicker-Hand den Deckel des Treteimers auf. Halten Sie mit der anderen Hand das Leckerchen (innen) gegen den Eimerdeckel. Sobald der Hund sein Maul öffnet, um an das Leckerchen zu kommen, sollte das Spielzeug eigentlich direkt in den Eimer fallen. Sobald der Hund das Spielzeug fallen lässt, klicken Sie und geben Sie ihm das Leckerchen! Geben Sie anfangs, wenn das Spielzeug neben und nicht richtig in den Treteimer fällt, Ihrem Hund das Leckerchen, aber klicken Sie nicht. Mit zunehmendem Fortschritt soll Ihr Hund das Spielzeug richtig in den Eimer werfen. Sie können Ihren Hund dabei unterstützen, indem Sie mit dem Finger etwas nachhelfen, das Spielzeug in den Eimer zu bugsieren.

Auf das Fußpedal treten

3. Wenn Ihr Hund bereits ein Drucklicht anmachen kann (Seite 124), können Sie dieses vorübergehend am Fußpedal befestigen, damit der Hund merkt, dass er darauf treten soll. Andernfalls locken Sie Ihren Junghund mit einem Leckerchen nach vorne, damit er zufällig auf das Pedal tritt. Zur besseren Durchführung kann man das Pedal auch umbauen, sodass es größer wird.

4. Sobald Ihr Hund zufällig auf das Fußpedal tritt oder es auch nur berührt, klicken Sie und geben ihm ein Leckerchen. Halten Sie das Leckerchen möglichst ruhig, damit der Hund auf dem Fußpedal bleibt, während er das Leckerchen frisst.

5. Mit zunehmendem Fortschritt lernt Ihr Hund, gezielt auf das Fußpedal zu treten, sodass er es auch ohne Leckerchen schafft. Geben Sie das Kommando „Ziel". Wenn er auf das Pedal tritt, klicken Sie und geben dem Hund ein Leckerchen.

DAS KÖNNEN SIE ERWARTEN: Eigentlich ist es gar nicht so schwierig, diesen Trick einzuüben. Junge Hunde scheinen gerne auf das Fußpedal zu treten und begreifen innerhalb weniger Tage, worum es geht. Wenn Sie mehrmals pro Woche an diesem Trick arbeiten, braucht Ihr Junghund wahrscheinlich einen Monat, bis er es ganz alleine kann.

> **HILFE, ES KLAPPT NICHT**
>
> **Welches Treteimermodell soll ich nehmen?**
> Verwenden Sie einen Treteimer mit einem flachen Deckel, ohne Rand (wie auf der Abbildung), damit Ihr Hund ihn nicht mit der Schnauze öffnen kann. Ein Treteimer mit einem langsam schließenden Deckel ist besonders in der Übungsphase sehr hilfreich.

KOMBINIEREN SIE DAS GANZE!
Machen Sie sich vertraut mit der Lernmethode des Verkettens (Seite 154). Üben Sie jeden Teilschritt einzeln und danach die Gesamtsequenz.

1. Halten Sie den Eimerdeckel halb auf, werfen Sie ein Spielzeug und geben Sie Ihrem Hund das Kommando „Müll". Er wird das Spielzeug wahrscheinlich unter dem Deckel durchschieben und in den Eimer fallen lassen. Klicken Sie und belohnen Sie den Junghund dafür.

2. Halten Sie dann den Deckel nicht mehr ganz so weit auf und geben Sie dem Hund erneut das Kommando, ein Spielzeug zu bringen. Diesmal könnte Ihr Hund leichte Schwierigkeiten haben und lässt das Spielzeug vielleicht oben auf den Eimerdeckel fallen. Sobald der Hund das Spielzeug in der Nähe des Treteimers fallen lässt, geben Sie ihm das Kommando „Ziel", damit er auf das Fußpedal tritt. Tritt der Hund tatsächlich auf das Pedal und macht den Deckel auf, halten Sie den Deckel auf und geben Sie nochmals das Kommando, dass der Hund das Spielzeug bringt und in den Eimer fallen lässt. Klicken Sie und belohnen Sie den Hund erst dann, wenn das Spielzeug tatsächlich im Eimer drin ist.

3. Sie wollen Ihrem jungen Hund möglichst viele Erfolge verschaffen – das bedeutet, dass sie öfters ein bisschen schummeln müssen, um ihm zu helfen. Hält Ihr Hund das Spielzeug neben den Mülleimer, helfen Sie mit dem Finger nach, damit es vollends reinfällt. Dann klicken Sie und belohnen den Hund. Tritt er auf das Fußpedal und lässt es danach gleich wieder los, halten Sie den Deckel einfach etwas auf, damit er sein Spielzeug reinbekommt.

Verkettung

MÜLL IN DEN TRETEIMER BRINGEN

Den Müll in den Eimer werfen

1. Lassen Sie Ihren Hund ein Plüschspielzeug bringen.
2. Halten Sie mit der Clicker-Hand den Deckel auf und halten Sie mit der anderen Hand ein Leckerchen (innen) gegen den Deckel.
   Klicken Sie, wenn der Hund das Maul öffnet.

Auf das Fußpedal treten

3. Locken Sie Ihren Hund mit einem Leckerchen zum Fußpedal.
4. Wenn Ihr Junghund das Pedal zufällig berührt, klicken Sie.
   Geben Sie nach jedem Klick ein Leckerchen.

5. Mit zunehmendem Fortschritt lernt Ihr Hund, gezielt auf das Pedal zu treten.
   Belohnen Sie den Hund, solange er mit der Pfote auf dem Fußpedal steht.

Kombinieren Sie das Ganze!

Verkettung

fortgeschritten

Limo aus dem Kühlschrank

Hörzeichen
Limo

„Frauchen sagt, wenn ich einen ganzen Tag lang brav bin, krieg' ich einen Hamburger. Bis jetzt hab' ich noch keinen einzigen Hamburger gekriegt."

Bei diesem nützlichen Trick öffnet Ihr Hund die Kühlschranktür, holt eine Limo heraus, bringt sie Ihnen und geht zurück zum Kühlschrank, um die Tür zu schließen.

SCHRITT FÜR SCHRITT

Die Limo holen

1. Bevor Sie mit diesem Übungsschritt beginnen, bringen Sie Ihrem Hund das Bring (Seite 134) und das Bring in die Hand (Seite 138) bei. Nehmen Sie eine kleine, leere Limoflasche, die Ihr Junghund leicht im Maul tragen kann. Manchmal hilft ein Flaschenhalter aus Schaumstoff, dass der Welpe die Flasche besser packen kann. Werfen Sie die Flasche ein paar Mal für den Hund auf den Boden, damit er sie Ihnen bringt. So gewöhnt er sich daran, sie zu tragen.
2. Stellen Sie die Limoflasche in ein niedriges Fach in einen offenen, aufgeräumten Kühlschrank und lassen Sie den Hund von dort die Flasche holen.

Kühlschrank öffnen

3. Bevor Sie mit dieser Übung beginnen, bringen Sie Ihrem Hund Tür aufmachen (Seite 142) bei. Binden Sie ein Geschirrtuch an den Kühlschrankgriff. Öffnen Sie die Kühlschranktür etwas, da Ihr junger Hund möglicherweise noch nicht kräftig genug ist, den Widerstand beim Öffnen der Tür zu überwinden. Geben Sie Ihrem Hund das Kommando „Auf", damit er am Geschirrtuch zieht. Belohnen Sie ihn, wenn er daran zieht.

Kühlschrank schließen

4. Bevor Sie mit der Übung beginnen, bringen Sie Ihrem Hund Tür zumachen (Seite 122) bei. Lassen Sie die Kühlschranktür etwas offen. Klopfen Sie einige Zentimeter über Kopfhöhe Ihres Hundes an die Kühlschranktür und geben Sie ihm das Kommando „Zu". Belohnen Sie ihn, wenn er die Tür zumacht.

DAS KÖNNEN SIE ERWARTEN: Ist Ihr Hund mit allen drei Teilschritten vertraut, können Sie allmählich die Einzelkommandos weglassen und nur das Kommando „Limo" für die Gesamtsequenz einführen. Da Ihr Hund jetzt in die Geheimnisse des Kühlschranks eingeweiht ist, müssen Sie sich etwas einfallen lassen, damit er sich nicht alleine bedient!

> **KOMBINIEREN SIE DAS GANZE!**
> Machen Sie sich vertraut mit der Lernmethode des Verkettens (Seite 154). Üben Sie zunächst jeden Teilschritt einzeln und danach die Gesamtsequenz, indem Sie zuerst das Kommando „Limo" geben und danach die Kommandos für jeden Teilschritt: „Auf", „Bring", „Zu".

> **HILFE, ES KLAPPT NICHT**
> **Mein Küchenboden wird zerkratzt!** Leichtgewichtige Junghunde und Fliesenböden sind eine rutschige Angelegenheit, wenn Ihr Hund am Geschirrtuch zieht. Dem können Sie mit einer Fußmatte abhelfen oder Sie verwenden ein längeres Seil am Türgriff, um die Hebelwirkung zu erhöhen.

„Also das macht wirklich Spaß: mit der Klorolle durch die Gegend flitzen!"

LIMO AUS DEM KÜHLSCHRANK

Die Limo holen

① Werfen Sie eine leere Limoflasche.

Der Hund soll Ihnen die Flasche in die Hand bringen.

② Stellen Sie die Flasche in den offenen Kühlschrank.

Der Hund soll die Flasche von dort holen.

Kühlschrank öffnen

3 Binden Sie ein Geschirrtuch an den Türgriff des Kühlschranks.   Geben Sie Ihrem Hund das Kommando „Auf".

Kühlschrank schließen

Der Hund wird mit dem Geschirrtuch die Tür öffnen.   4 Klopfen Sie an die Tür und geben Sie das Kommando „Zu".

fortgeschritten

Post aus dem Briefkasten

Hörzeichen
Hol' die Post

Bringen Sie Ihrem Hund bei, die Tür des Briefkastens zu öffnen, die Post herauszuholen und danach die Tür wieder zu schließen. Für diesen Trick benötigt man einen US-Briefkasten, wie auf den nachfolgenden Fotos abgebildet.

„Also das macht richtig Laune: Papier zerfetzen!"

SCHRITT FÜR SCHRITT

Die Post holen

1. Bevor Sie diesen Trick einüben, bringen Sie Ihrem Junghund das Bring (Seite 134) und das Bring in die Hand (Seite 138) bei. Werfen Sie ein zusammengerolltes Stück Zeitung oder einen zusammengerollten Brief auf den Boden und lassen Sie den Hund diese Post ein paar Mal bringen.
2. Legen Sie die Zeitung in den geöffneten Briefkasten und klopfen Sie daran, um den Hund darauf aufmerksam zu machen. Geben Sie das Kommando „Bring" und belohnen Sie ihn, wenn er Ihnen die Zeitung bringt.

Den Briefkasten öffnen

3. Binden Sie ein Seil mit Knoten oben an Ihrer Briefkastentür fest. Wackeln Sie mit dem Seil. Wenn Ihr Hund am Seil schnüffelt oder es packt oder berührt, klicken Sie und geben ihm ein Leckerchen. Zeigt Ihr Hund kein Interesse am Seil – ein nach Würstchen riechendes Seil weckt garantiert seine Aufmerksamkeit!
4. Hat Ihr junger Hund begriffen, dass er das Seil berühren muss, um einen Klick und ein Leckerchen zu bekommen, verlangen Sie mehr von ihm. Dieses Mal klicken Sie nicht, wenn er das Seil berührt. Er wird das Seil dann vermutlich ein zweites Mal berühren. Dann wird er möglicherweise frustriert und packt das Seil – jetzt klicken!
5. Beim nächsten Schritt versuchen Sie, dass Ihr Hund am Seil zieht. Fordern Sie ihn dazu auf mit „Auf! Hol's! Hol's!" Klicken Sie beim geringsten Ziehen und geben Sie dem Hund ein Leckerchen.
6. Versuchen Sie im letzten Schritt, dass Ihr Hund die Briefkastentür ganz aufzieht, bevor Sie klicken.

Den Briefkasten schließen

7. Nehmen Sie das Seil von der Briefkastentür weg, damit Ihr Hund nicht durcheinander kommt. Binden Sie zwei dicke Gummibänder zusammen und bringen Sie diese so an, dass die Briefkastentür ein paar Zentimeter offensteht. Durch die Gummibänder wird die Tür zwar ein Stück offen gehalten, aber der Briefkasten selbst kippt nicht nach vorn, wenn Ihr Hund an der Klappe zieht.
8. Tupfen Sie etwas Streichwurst auf die Briefkastentür, damit sich Ihr Hund für die Tür interessiert. Geben Sie ihm das Kommando „Zu" und klicken Sie, sobald er die Briefkastentür berührt. Geben Sie ihm sofort ein Leckerchen.
9. Im nächsten Schritt klicken Sie nicht mehr, wenn der Hund die Tür nur berührt, sondern Sie warten, bis er die Tür zudrückt, bevor Sie den klicken. Sobald der Hund zuverlässig die Tür zudrückt, nehmen Sie noch ein drittes Gummiband, um die Tür noch weiter offen zu halten und lassen Sie schließlich die Gummibänder ganz weg.

DAS KÖNNEN SIE ERWARTEN: Post aus einem niedrig stehenden Briefkasten holen kann der junge Hund innerhalb von ein oder zwei Tagen lernen. Das Öffnen und Schließen der Briefkastentür kann jeweils innerhalb etwa einer Woche erlernt werden.

KOMBINIEREN SIE DAS GANZE!
Machen Sie sich vertraut mit der Lernmethode des Verkettens (Seite 154). Üben Sie jeden Teilschritt einzeln und kombinieren Sie diese danach: Ihr neues Kommando „Hol' die Post" stellt nachher die Gesamtsequenz dar.

HILFE, ES KLAPPT NICHT

Mein Hund öffnet die Briefkastentür, obwohl ich will, dass er sie schließt

Da bei allen drei Schritten dieselbe Requisite (der Briefkasten) verwendet wird, kann es für den Hund anfänglich verwirrend sein, welchen Verhaltensschritt er nun genau an den Tag legen soll

„Leckerchen sind bestimmt das Beste, was es auf der Welt gibt!"

Verkettung

POST AUS DEM BRIEFKASTEN

Die Post holen

1. Lassen Sie Ihren Hund die Post vom Boden bringen.
2. Legen Sie die Zeitung frei zugänglich in einen geöffneten Briefkasten.

Geben Sie Ihrem Hund das Kommando „Bring!"

Belohnen Sie Ihren Welpen, wenn er Ihnen die Zeitung in die Hand bringt.

Briefkasten öffnen

3. Klicken Sie und belohnen Sie Ihren Hund, wenn er das Seil berührt.

4. Warten Sie, bis Ihr Hund das Seil packt, bevor Sie klicken.

5. Fordern Sie jetzt Ihren Hund auf, am Seil zu ziehen. Klicken Sie und belohnen Sie ihn.

6. Lassen Sie den Hund die Briefkastentür ganz aufziehen. Klicken Sie und geben Sie ihm ein Leckerchen.

Briefkasten schließen

7. Nehmen Sie zwei Gummibänder, um die Briefkastentür offen zu halten.

8. Klicken Sie, wenn Ihr Hund an der Streichwurst auf der Tür schnüffelt.

9. Lassen Sie ihren Hund die Tür vollständig schließen.

Verkettung

Tricks nach Schwierigkeitsgrad

LEICHT

Auf einen Clicker reagieren	20
Stupse deine Nase gegen meine Hand	22
Schau mich an	24
Stillhalten	26
Boxenstopp	28
Komm	30
Such' mich	34
Sitz	38
Platz	40
Kriechen	42
Pfoten hoch	48
Küsschen	54
Kopf schief legen	56
Tunnel	70
Dreh dich	76
Spring über mein Bein	86
Glocke läuten zum Rausgehen	104
Sitz vor dem Fressen	110
Das versteckte Gemüse finden	120
Tür schließen	122

MITTEL

Bleib	32
Verbeugung	50
Tauziehen	52
An der lockeren Leine laufen	58
Gib Laut	64
Heulen	66
Wippe	72
Volleyball	84
Reifensprung	90
Versteckspielen im Karton	94
Pfoten abstreifen	98
Bring' deinen Futternapf	108
Lass' es	112
In welcher Hand ist das Leckerchen?	114
Fußball	130
Grundlagen des Bring	134

FORTGESCHRITTEN

Rolle	44
Pfote geben	60
Acht durch die Beine	80
Frisbee	100
Hol die Leine	106
Hütchenspiel	116
Druckleuchte anmachen	124
Eine Zeitung in die Hand bringen	138
Tür aufmachen	142
Augen zuhalten	146
Skateboard	150
Räum dein Spielzeug in die Spielzeugkiste	156
Müll in den Treteimer bringen	160
Limo aus dem Kühlschrank	164
Post aus dem Briefkasten	168

„Als ich noch klein war, konnte ich keinen einzigen Trick. Aber jetzt kann ich schon drei!"

Glossar

Belohnung
Alles, was ein Hund mag (wie Lob, Spiel oder ein Spielzeug), kann als Belohnung für gutes Verhalten eingesetzt werden. Leckerchen sind die häufigste Belohnung von Hunden.

Clicker
Ein kleiner Gegenstand mit einer Metallzunge, den man in der Hand hält und der *klick-klick* macht, wenn man darauf drückt. Bei der Hundeausbildung wird gewöhnlich ein Clicker verwendet, um das Geräusch für einen *konditionierten Bestärker* zu machen.

Den Einsatz erhöhen
Wenn wir den Einsatz erhöhen, verlangen wir vom Hund ein Verhalten, das schwieriger ist als das, was er zuvor ausgeführt hat. Sobald Ihr Hund zu etwa 75% bei einem Übungsschritt erfolgreich ist, erhöhen Sie den Einsatz und verlangen mehr von ihm, um sich seine Belohnung zu verdienen.

Verhalten
Eine Handlung, die der Hund ausführt.

Keks
Bezeichnet im Hundeausbildungsjargon ein Leckerchen.

Kommando
Ein Wort- oder Sichtzeichen, mit dem der Hund aufgefordert wird, ein bestimmtes Verhalten auszuführen.

Konditionierte Bestärker
Ein spezifisches, einzigartiges Geräusch (ein Spezialwort oder das „Klick" des Clickers), das den Moment kennzeichnet, in dem der Hund das korrekte Verhalten ausführt und sich somit eine Belohnung verdient.

Konditionierte Bestärkung
Mit konditionierter Bestärkung wird der exakte Moment gekennzeichnet, in dem der Hund das richtige Verhalten ausführt. Das genaue Timing des Bestärkers ist für den Hund eine große Hilfe, zu verstehen, was er getan hat, um sich seine Belohnung zu verdienen. Nach jedem Bestärker wird ein Leckerchen gegeben.

Leckerchen
Erbsengroßes, weiches und schmackhaftes Futterhäppchen, das als Belohnung gegeben oder zum Locken verwendet wird.

Leckerchentasche
Auch Snackbeutel genannt; ein Beutel, der um die Taille getragen wird und in dem die Leckerchen aufbewahrt werden.

Locken
Mit einem Leckerchen wird der Kopf des Hundes so geführt, dass der Welpe eine bestimmte Körperstellung einnimmt. Wir können den Hund mit einem Leckerchen im Kreis herumlocken, um ihm beispielsweise „Dreh' dich" beizubringen.

Positive Bestärkung
Positive Bestärkung belohnt gutes Verhalten, um die Häufigkeit eines solchen Verhaltens zu erhöhen. Sie bringen Ihren Hund dazu, einen Trick auszuführen, Sie belohnen ihn dafür und Ihr Hund lernt, den Trick zu wiederholen.

Rückschritt
Sind dem Hund mehr als zwei oder drei Versuche hintereinander misslungen, gehen wir einen oder mehrere Schritte zurück, indem wir den Maßstab für Erfolg vorübergehend senken. Indem wir wieder auf einen leichteren Schritt zurückgehen, kann der Hund eine Zeit lang erfolgreich sein.

Trick
Ein vom Welpen auf Kommando ausgeführtes Verhalten.

Übungseinheit
Konzentriertes Lernen über einen bestimmten Zeitraum. Für die meisten Welpen und Junghunde sind mehrere fünfminütige Einheiten pro Tag ideal.

Verhaltensformung
Eine Methode zum Einüben eines Tricks, bei der ein Verhalten in mehrere Einzelschritte unterteilt wird. Zunächst wird der einfachste Teil des Tricks belohnt, danach der nächste Schritt und so wird schrittweise der komplette Trick durchgearbeitet. Häufig werden dabei konditionierte Bestärker eingesetzt, da diese ein Verhalten sehr genau kennzeichnen können.

Verkettung
Der Vorgang, mehrere Verhaltensschritte zu einer vollständigen Gesamtsequenz zusammenzufügen (engl. Verkettung).

Über die Autorin

KYRA SUNDANCE

Kyra Sundance' weltweit gefeiertes akrobatisches Stunthunde-Team tritt auf internationalen Bühnen im Zirkus, in Halbzeiten von Profi-Sportveranstaltungen und in Fernseh-Shows wie *The Tonight Show, Ellen, ET, Worldwide Fido Awards, Animal Planet, Showdog Moms & Dads* u.a. auf. Kyra und ihre Hunde waren die Hauptdarsteller in der Bühnenshow *Underdog* von Disney sowie einer Galavorstellung in Marrakesch vor dem König von Marokko. In den USA zählt Kyra Sundance zu den erfolgreichsten Hundesportlern, sie hat als Trainer von Filmhunden bei Filmdrehs gearbeitet und hält Vorträge vor internationalen Profi-Hundeverbänden.

Kyra Sundance ist Autorin mehrerer erfolgreicher Hundebücher, einschließlich der Serie *101 Hundetricks* und *The Dog Rules*, und tritt in verschiedenen DVDs über Hundetricks auf. Kyra und ihre Weimaraner Chalcy und Jadie leben zusammen mit Kyras Ehemann auf einer Ranch in der Mojavewüste in Kalifornien.

www.101dogtricks.com

JADIE

Jadie (Kyras Weimaraner-Welpe) ist das Titelmodell von *51 Welpentricks* und stand Modell für viele der ganzseitigen Trickfotos, als sie vier Monate alt war. Die Schritt-für-Schritt-Fotos wurden aufgenommen, als sie zwischen vier und fünf Monaten alt war. Jadie begann ihr Training im Alter von acht Wochen, trat mit neun Wochen bei Nickelodeons *Worldwide Fido Awards* auf und war mit 20 Wochen Hauptdarstellerin in der DVD *Welpentricks*. Wir freuen uns auf viele weitere großartige Vorführungen, wenn sie älter ist!

DANKSAGUNG

Mein Dank gilt Heidi Horn (Produktionsassistentin, Halstuchkoordinatorin, Hundeschmuserin und meine Mutter), Claire Doré (Beraterin) sowie Chalcy (Welpenbetreuerin und meine eigene erwachsene Weimaranerhündin). Mein ganz besonderer Dank gilt all den liebenswerten, cleveren und begabten Welpen: Mabel (Bulldogge), Luke (Siberian Husky), Jamie (Dalmatiner), Nash (Bearded Collie), Gibson (Golden Retriever), Lucy und Susie (Beagles), Dolly und Brody (Bluthunde) sowie meiner eigenen Jadie (Weimaraner-Welpe).

Verblüffende Tricks – verblüffend einfach!

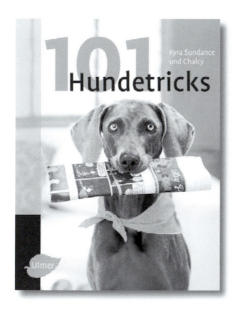

- derzeit umfangreichstes Trickbuch
- über 600 einzigartige Fotos
- alle Tricks Schritt für Schritt erklärt

Ein Hund, der Klavier spielt, die Post bringt, Lichtschalter betätigt, sein Spielzeug aufräumt oder Hockey spielt, ist kein Ausnahmetalent – die bekannte Hundetrainerin Kyra Sundance zeigt zusammen mit ihrer Hündin Chalcy verblüffende, witzige und praktische Tricks!

101 Hundetricks

Aus dem Englischen von Claudia Händel. Kyra Sundance und Chalcy. 2009. 208 S., 628 Farbf., kart. ISBN 978-3-8001-5845-4

www.ulmer.de

ÜBER DEN FOTOGRAFEN Der in Baltimore, Maryland, geborene Nick Saglimbeni ist besessen davon, die Grenzen herkömmlicher Fotografie auszureizen. Nach seinem Master-Abschluss in Kameraführung an der University of Southern California eröffnete Nick SlickforceStudio, das schnell zu einem der gefragtesten Studios für visuelle Medien in Los Angeles aufstieg. Die National Association of Photoshop Professionals verlieh Nick drei Mal den Großen Preis und er gewann 2009 den Blackberry Small Business Award (vergeben für kleinere Unternehmen). Seine Arbeiten erschienen auf über 100 Zeitschriftentiteln und er dreht nach wie vor für die Film- und Fernsehindustrie.